언 니 네
교 회 도
그 래 요 ?

일러두기

1. 단행본은 겹낫표(『』)로, 기사·논문·보고서는 홑낫표(「」)로, 신문·잡지·학술지·전시는 겹꺾쇠(《 》)로, 영화·텔레비전 시리즈는 홑꺾쇠(〈 〉)로 표시했다.
2. 인·지명 및 외래어 표기는 국립국어원 외래어표기법에 따랐다.

언니네 교회도 그래요?

교회 내 여성혐오를 비판하고 바꾸어가는 여성들의 이야기

ⓒ 이민지 2020

초판 1쇄	2020년 8월 18일		
초판 2쇄	2020년 9월 25일		
지은이	이민지		
출판책임	박성규	펴낸이	이정원
편집주간	선우미정	펴낸곳	도서출판 들녘
편집진행	이수연	등록일자	1987년 12월 12일
디자인진행	한채린	등록번호	10-156
편집	이동하·김혜민	주소	경기도 파주시 회동길 198
디자인	김정호	전화	031-955-7374 (대표)
마케팅	전병우		031-955-7381 (편집)
경영지원	김은주·장경선	팩스	031-955-7393
제작관리	구법모	이메일	dulnyouk@dulnyouk.co.kr
물류관리	엄철용	홈페이지	www.dulnyouk.co.kr

ISBN	979-11-5925-574-8 (03330)	CIP	2020032298

이 도서의 국립중앙도서관 출판예정도서목록(CIP)은
서지정보유통지원시스템 홈페이지(http://seoji.nl.go.kr)와
국가자료공동목록시스템(http://www.nl.go.kr/kolisnet)에서 이용하실 수 있습니다.

값은 뒤표지에 있습니다. 잘못된 책은 구입하신 곳에서 바꿔드립니다.

교회 내 여성혐오를 비판하고 바꾸어가는
여성들의 이야기

언니네 교회도 그래요?

이민지
지음

들녘

여는 글

한국 개신교회에 출석하는 여성이 교회 내에서 자신이 겪
는 부당함을 설명하기란 여간 어려운 일이 아니다. 조금이
라도 불편하다는 기색을 내비치면 "세상에 신성한 교회의
가르침을 두고 차별이나 혐오라는 말을 운운하다니, 너 제
정신이니?"라는 힐난을 받거나, "그러고도 네가 신자라고
할 수 있겠니?"라는 말을 들으며 신앙 자체를 근본적으로
부정당하기 십상이다. 펄쩍 뛰는 모습을 보면 마치 금단의
영역을 침범한 듯하다는 인상까지 받게 된다.

하지만 말할 수 없다고 해서 그 존재까지 사라지는
것은 아니다. 교회 내 여성혐오는 분명히 현재진행 중이
며, 교회 내에서 공론화되지 못한 성폭력과 차별문제가 도

리어 언론과 사회를 통해 드러나고 있는 상황이다. 이 얼마나 부끄러운 일인가? 어떤 사람들은 "그건 그 목사 혹은 남성 신도의 개인적인 잘못일 뿐이야" "개인의 도덕적 결함으로 인해 일어난 일이지, 교회는 죄가 없어"라고 말하며 교회를 두둔하고 교회 내 여성혐오의 존재 자체를 부정하려 시도하기도 한다. 하지만 깊은 혜안으로 이 현상을 들여다본다면 우리는 교회 내 여성을 향하는 폭력이 분명히 존재하며, 그 이면에는 유서 깊은 여성혐오 사상이 내재해 있다는 것을 알게 될 것이다.

○ 너무나도 당연하게 '남성'인 하나님

어느 주일학교 예배 시간. 오늘도 경건하게 눈을 감고 "하나님 아버지"라는 말로 기도의 포문을 여는 선생님께 한 아이가 눈을 동그랗게 뜨고 묻는다. "왜 하나님은 아버지예요? 나는 엄마가 더 좋은데. 하나님 어머니라고 하면 안 돼요?"

그러게, 왜 우리는 너무나 당연스럽게 하나님을 '아

버지'라고 부를까? 나는 이 이야기를 듣고 한 여성 신학자를 떠올렸다. 그는 니체의 명언 '신은 죽었다'를 해석하며 다음과 같은 비유를 하였다.

여러분, 광대한 바다 앞에 서서 여러분이 가지고 있는 물컵으로 바닷물을 가득 뜬다고 상상해보세요. 만약 하나님을 '광대한 바다'라고 한다면 '물컵에 떠놓은 바닷물'이 여러분이 알고 있는 하나님의 전부일지 모릅니다.

바다같이 광대한 신을 자신의 협소한 지식 체계 안에 가두어 사유하고 그것이 전부인 것처럼 여기는 우리의 어리석음을 지적하는 말이었다. 신학자는 니체의 말을 신이 없다는 뜻이 아니라 내가 전부라고 여겨왔던 '물컵에 담아놓은 그 신'은 죽은 신이라는 의미로 해석한 것이다. 인간이 신이라는 존재의 깊이와 넓이를 온전히 헤아릴 수 없다면, 신을 알고 있다는 인간의 지식이나 절대자를 향해 사용하는 표현들은 얼마나 보잘것없는 것인가.

다시 하나님 '아버지'에 대한 이야기로 돌아가보자. 교회에서는 늘 하나님을 아버지라고 부르는데, 이는 아마도 교회가 남성이 아닌 다른 하나님은 상상하지 못하기 때문일 것이다. 만약 주일 낮 예배 시간에 대표 기도자가 강단에 서서 "하나님 어머니"라는 말로 기도를 시작한다면, 예배에 참여한 성도들은 매우 당혹스러워할 것이다.

마찬가지로 우리 머릿속에 있는 신의 이미지는 결코 유색인종이 아니다. 우리가 많은 회화 작품을 통해 접해온 예수님은 금발에 가까운 부드러운 갈색 머리에 푸른 눈을 한 잘생긴 백인 남성이다. 그런데 한 법의학자가 예수님과 동시대를 살았던 유대인의 두개골을 바탕으로 재현한 예수의 외모는 이와 많은 차이가 있었다. 짧은 곱슬머리에 까무잡잡한 피부를 가졌으며, 결코 잘생겼다고는 말할 수 없는 용모였던 것이다. 어쩌면 백인 남성의 이미지로 점철된 하나님에 대한 상징들 역시 우리 물컵 안에 담긴 바닷물일지도 모른다.

독일의 신학자 도로테 죌레(Dorothee Soelle, 1929~2003)는 우리는 하나님을 다 알 수도, 이해할 수도 없기 때문에 그저 '상징적으로' 말할 수 있을 뿐이라고 했다. 그러나 '아버지 하나님'이나 '백인 남성 예수'처럼 그 상징이 절대적인 것으로 굳어지는 일은 경계해야 한다고 말했다. 우

—

켈리 레티모어(Kelly Latimore), 「삼위일체*The Trinity*」

리가 다 담을 수 없는 하나님의 속성과 깊이를 그 상징의 범위에 해당하는 정도로 국한하는 것이기 때문이다. 따라서 우리는 그러한 상징들을 상대화해야 한다. '아버지'라는 표현이 하나님을 부르는 하나의 방법임을 부인하는 것은 아니지만, 이러한 표현법이 강압적이고 유일한 표현법이 된다면 오히려 그것이 '하나님을 가두는 감옥'이 될 수 있기 때문이다. 하나님은 우리가 하나님에 대하여 이야기하는 모든 것을 초월하는 분이시다.[*]

예수님뿐만 아니라 우리가 그와 함께 성삼위라 일컫는 성부 하나님, 성령 하나님 역시 주로 남성의 이미지로 인식되고 있다. 켈리 레티모어(Kelly Latimore)는 작품 「삼위일체The Trinity」에서 이러한 고정관념을 깨고 삼위일체를 새로운 방식으로 표현해냈다. 성삼위 하나님을 유색인종과 여성의 이미지로 그린 것이다. 나는 처음 이 그림을 보고 잠시 어색함을 느꼈는데, 그 어색함에서 그간 내 안에 남성화된 성삼위 하나님에 대한 고정관념이 얼마나 확고하게 굳어져 있었는가를 생각해보게 되었다. 또한 개신교

---

[*]　도로테 죌레, 『말해진 것보다 더 많이 말해져야 한다』, 한들출판사, 2000.

의 남성 중심적 사고가 얼마나 굳건한가를 새삼 돌아보게 되었다. 하나님을 남성화하는 상징이 이토록 자연스럽게 받아들여지게 된 배경에는 교회 공간과 문화에 내재한 강력한 남성 중심성이 있을 것이다.

누군가 중심을 독점한다는 것은 다른 누군가는 주변인이 된다는 뜻이다. 교회에서는 성별을 중심으로 이러한 현상이 선명히 드러난다. 남성 중심적 교회 구조는 끊임없이 여성을 주변화하는데, 이렇게 오랜 시간 축적되어온 여성 소외의 역사가 오늘날 교회 내 여성 차별과 불평등, 혐오의 자양분이 되었다고 해도 과언이 아닐 것이다.

하지만 켈리 레티모어가 재해석한 삼위일체 그림을 통해 나는 상징에 대한 변화를 꾀하는 것만으로도 하나님을 새롭게 사유할 수 있게 된다는 가능성을 깨달았다.

○ 교회 내 여성들의 위치를 찾아서

나는 페미니즘이라는 단어조차 생소했던 중고등부 시절을 자주 떠올린다. 특히 그 시절 들었던 '닮아가야 할 여성'에 대한 설교는 아직도 뇌리에 선명하게 남아 있다. 성경의 잠언 31장 10절 이하를 인용하면, 현숙한 여인은 남편에게 선을 행하는 믿을 만한 사람이다. 그는 새벽같이 일어나 밤늦도록 집안일을 하고 식구들을 돌본다. (나아가 외부의 궁핍한 자들까지 살핀다.) 뿐만 아니라 직접 옷을 만들어 상인들에게 팔기도 한다. 이게 다가 아니다. 그의 입과 혀에는 지혜와 인애가 가득하며 항상 자신의 외모를 아름답게 가꾼다. 그의 남편은 이러한 아내를 둠으로 인해 다른 이들로부터 인정과 칭송을 받는다.

정말 놀랍지 않은가! 흠잡을 데 없는 '완벽'을 지향하는 이러한 여성상은 흡사 '성경판 슈퍼우먼'을 연상하게 한다. 참으로 숨 막히는 삶이라는 점은 차치하더라도, 이러한 완벽이 여성 당사자가 아니라 남편과 집안을 위한 것이라는 점에서 입맛이 쓰다. 하지만 더 큰 문제는 따로 있다. 현숙한 여인에 대한 잠언의 교훈은 이천 년 전 성서가 쓰일 당시의 사회문화적 배경을 반영한 것임에도 불구하고 교회가 이를 오늘날에도 그대로 적용하여 마땅히 따를 만한 것으로 가르치고 있다는 것이다.

히브리 어원을 따라가보면 잠언 31장에 등장하는 '현숙함'이라는 단어는 '힘' '능력' '유능함' '용기' 등의 단어와 맥을 같이한다는 것을 알 수 있다. 그렇기에 '현숙한 여인' 역시 여성명사인 '지혜(히브리어로 호크마)'를 의인화한 것으로 해석해야 잠언 전체 맥락 속에서 본문의 뜻을 더 풍성하게 이해할 수 있다.* 그러나 많은 설교자가 여전히 잠언의 현숙한 여인을 단순히 '현모양처의 전형'으로 인용하는 오류를 범하고 있다. 그것은 당시 여성혐오나 페미니즘에 대해 무지했던 나조차 '이건 뭔가 이상하다'고 생각하게 할 만한 것이었다.

지금 다시 그 메시지들을 돌아본다. 여성이 열망해야 하는 역할과 열망하지 말아야 하는 역할이 무엇인지, 여성 젠더가 머물러야 하는 세계의 한계는 어디까지인지를 명확히 일러주며 여성의 정체성을 확정해버리는 설교. 어느 학자는 말했다. 인간이라는 종의 오십일 퍼센트는 여성이고, 그들은 나머지 사십구 퍼센트 못지않게 다양한 욕구와 욕망을 가지고 있는 존재들이라고. 그러나 교회는 '현숙한 아내' '기도의 어머니 한나' 등의 메시지를 활용해 '이상적인 여성 정체성'을 아내와 어머니로 국한해버렸다. 여기에는 여성들의 인간 됨에서 비롯되는 다양한 욕구와

* 강호숙, 『여성이 만난 하나님』, 넥서스CROSS, 2016, 111~112쪽.

삶의 방식이 인정받을 여지가 존재하지 않는다. 신은 인간에게 각기 다른 재능과 은사를 주셨다고 가르치는 교회임에도 말이다.

교회 내 여성혐오의 의미와 실체는 무엇일까. 나는 이 책을 통해 교회 내 여성혐오의 역사성과 맥락을 차근히 풀어가며, 교회가 설정해놓은 여성상이 여성이 살고, 참여하고, 주도하고, 권리를 주장하는 데 얼마나 큰 장애물이 되는지 이야기하고 싶다. 여성의 정체성을 확정하는 행위 자체가 곧 여성혐오이자 또 다른 여성혐오의 자양분이 된다는 것 또한 분명히 하려 한다.

이 책에는 내가 일 년여에 걸쳐 인터뷰한 교회 여성들의 이야기가 담겨 있다. 이들의 이야기는 '침범당하는 사람들의 이야기'이다. 여성의 삶과 공간을 넘어, 자아를 향해 자행되는 침범. 그 무대는 다름 아닌 한국 교회다. 과거에는 이러한 침범이 '어쩔 수 없는 것' '참아내야 하는 것' '문제라고 말할 감도 되지 않는 것'이었다면, 오늘날에는 이를 여성혐오로 정의하며 문제시하는 여성들이 많아졌다. 이들은 교회 안팎에서 여성혐오와 차별에 관한 질문을 던지고, 문제 해결의 새 지평을 열어간다. 즉 교회 내에서 자신이 겪어왔던 불편함의 정체와 마주하면서, 젠더에 기반한 차별의 실체를 드러내고 변화를 위한 움직임을 엮어가는 것이다. 내가 만난 교회 여성들 역시 자신이 교회 내에서 겪어온 여성혐오 경험과 교회 문화와 공동체의 변화를 위해 스스로 행동하는 모습을 진솔하게 나누어주었다. 이 책은 이처럼 용기 있는 이들의 목소리를 따라가면서 교회 내 여성혐오의 구체적인 모습과 사례를 살피고, 나아가 이들이 열어가고 있는 대안적 흐름에 주목하고자 쓰였다.

최근 교회 내 이삼십 대 여성들은 자신들이 교회 내에서 젠더 갈등을 겪어온 것이 스스로의 잘못 때문이 아니었다는 것을 깨달아가고 있다. 그리고 여기에는 2016년 '강남역 여성혐오 살인 사건'을 계기로 한층 강화된 '페미니즘 리부트feminism reboot'*의 영향이 크다고 할 수 있다. 실제로 나의 인터뷰 요청에 응해주었던 교회 여성들은 사

---

*   '페미니즘 리부트'라는 용어는 손희정 평론가에 의해 처음 쓰였다. 2015년 사회적으로 '미러링' 담론이 확산된 것을 시작으로, 2016년 강남역 여성혐오 살인 사건과 계속되어온 미투 운동은 페미니즘에 대한 사회적 관심과 논의를 확장했다. 그 후 여성을 향한 일체의 차별과 혐오, 폭력에 반대하고 사회 전반의 젠더 정의를 구현해가고자 하는 움직임으로 확산하고 있다.

회적인 이슈 생산 속에서 페미니즘 관련 지식을 습득하게 되었다며, '페미니스트 신앙인'이 되어가는 과정을 밝히기도 했다. 이들은 페미니즘에 대한 사회적 담론의 영향권 안에서 지식적으로 성장하며, 여성 젠더로서 신앙하는 삶의 저변도 확대해가고 있다.

2016년경부터는 교계 내에서도 자성의 목소리가 나오고 있다. 한 기독교 운동 단체는 〈여성혐오에 대한 기독교의 반성〉이라는 포럼을 개최하고 기독교가 여성혐오의 역사와 밀접하게 관계한다는 것을 시인했다. 또한 2017년 한 기독교 언론 매체는 최초로 교회 내 여성혐오에 관한 온라인 설문조사를 진행하여, 전체 353명의 응답자 중 83.3퍼센트가 여성혐오를 경험했다는, 새롭지만 놀랍지는 않은 통계를 내놓기도 했다.

최근까지도 이어지고 있는 우리 사회의 미투 운동me too movement은, 자성하여 여성에게 가해지는 폭력에 좀 더 민감하게 반응하자고 외치며 우리 사회의 성별 위계적 문화를 바꿔내려는 흐름을 주도하고 있다. 그러나 아직까지도 여성혐오와 성차별에 대한 교회의 무지는 여성을 향하는 수많은 폭력을 옹호하고 있다. 교회 내에서 여성에 대한 뿌리 깊은 미움과 반감, 혐오를 발견한 나는, 어려운 환경 속에서도 의식을 가지고 새로운 가능성과 서사를 열어가는 여성들의 모습에 집중하며 이 책을 썼다. 분명 우리 사회와 교회의 분위기는 달라지고 있으며 변화는 이미 시작되었다. 그리고 그 변화의 방증으로 이 책이 세상에 나왔다.

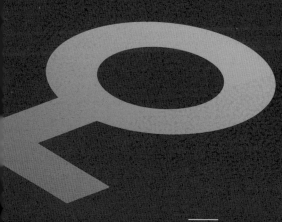

1장

**더 이상
잠잠할 수 없는
여성들,
페미니스트 교회
여성의 등장**

66

젊은 페미니스트들은 아주 신나는 현상이다. 그들은 똑똑하고 대담하고 재미나게 여성의 권리를 옹호하고, 공간에 대한 권리를 주장한다. 그들은 대화를 바꾼다.

－리베카 솔닛*

99

이제까지 교회 여성들은
어떻게 살아왔나?

2003년 11월 12일 총신대학교 채플 시간에 당시 대한예수교장로회 합동 측 총회장이었던 임 모 목사는 다음과 같이 말했다.

"우리 교단에서 여자가 목사 안수를 받는다는 것은 턱도 없는 소리다. 여자가 기저귀 차고 강단에 올라가? 안 돼!"

---

* 리베카 솔닛, 김명남 옮김, 『남자들은 자꾸 나를 가르치려 든다』, 창비, 2015, 223쪽.

이것이 그 유명한 소위 '기저귀 발언'이다. 좀 오래된 사건이 아닌가, 할 수도 있지만, 현재 개신교회 내 가장 큰 교단이라고 할 수 있는 장로회 합동 측은 아직까지도 여성이 목사 안수받는 것을 허용하지 않고 있다. 성차별적인 교회 내 직제 구조야 이미 유명하다지만, 저렇게 대놓고 평등권을 침해하는 것은 물론, 지극히 성희롱적인 발언을 할 수 있었던 맥락은 무엇일까. 이를 알기 위해서는 교회만의 고유한 전통적 맥락을 이해해야 한다.

월경하여 생리대를 차는 여성은 강단에 올라갈 수 없다고 역설하는 임 모 목사의 발언에는 여성의 피와 월경을 '오염된 것'으로 정의하고, '주기적으로 오염되는 존재'는 목사가 될 수 없다고 보는 시각이 담겨 있다. 나아가 여성은 정신이 아닌 육체와 더 가까운 존재이며, 그렇기 때문에 오염되어 있다고 간주하는 삐뚤어진 사상이 내재해 있다고도 볼 수 있다.

시간을 거슬러 올라가 초기 기독교의 대표적인 교부성 아우구스티누스의 말도 들여다볼 필요가 있을 것 같다. 그는 교회가 낳은 위대한 철학자이자 사상가이다.

아내와 어머니에게 다른 것이 무엇인가. 모든 여성에게서 우리가 주의해야 할 것은 유혹자 이브다.[*]

모든 여성에게는 '유혹자' 이브가 내재해 있으니 조심해야 한다는 뜻인데, 이게 과연 그의 말이 맞는가, 라는 의심의 눈초리를 보내게 될 정도로 비이성적인 주장이다. 이러한 주장이 가능했던 맥락은 무엇일까. 순전히 아우구스티누스의 사견이라고 볼 수는 없으며, 당대 기독교 내부의 여성에 대한 시선을 반영한 것이라고 봐야 할 것 같다. 아우구스티누스의 말은 기독교 역사 초기부터 교부들 사이에 여성을 향한 부정적 인식이 자리해 있었다는 것을 짐작하게 한다. 실제로 이들에 의해서 여성혐오의 사상적·신학적 기반이 만들어졌고, 이들의 사상은 오늘날까지도 기독교 문화 안에서 강력한 존재감을 드러내고 있다.

여성혐오의 기독교적 역사와 관련 전통을 분석한 신학자 로즈마리 류터(Rosemary Ruether, 1936~)는 기독교의 여성혐오는 여성의 몸을 오염과 불결의 대상으로 보는 데

---

[*] 　카렌 암스트롱, 배국원·유지황 옮김, 『신의 역사』, 동연(와이미디어), 1999.

서 시작되었다고 밝힌다. 이 오염은 성욕과 생식에 연관된 개념으로, 남성과 여성을 분리하는 기준을 만들었다. 당대 남성들은 여성이 월경과 출산 시 흘리는 피를 불결한 것으로 간주하고, 월경하거나 출산한 지 얼마 되지 않은 여성들과는 성적 접촉을 피했다. 심지어 이들을 격리하고 이 방인을 대할 때처럼 거리를 두기까지 했다. 이들과 함께하면 자신도 오염될 것이며, 오염된 상태로는 하나님께 나아갈 수 없다고 생각했기 때문이다. 이들은 여성의 몸과 섹슈얼리티가 자신들의 영적인 삶을 위협한다는 두려움을 가지고 경계와 혐오를 일삼았다.

또한 그들은 남성을 주체로 두고 여성을 대상화했는데, 이러한 관념하에서 여성은 순전히 남성을 위한 도구로 전락했다. '생식을 위한 대상'과 '육체적 쾌락을 충족하기 위한 성적 대상' 또는 '순결한 여성'과 '오염된 여성'으로 이분되어 전자는 칭송을 받고 후자는 멸시와 조롱의 대상이 되었다. 처녀 마리아 숭배 사상과 여성혐오 사상이 역사적으로 맥을 같이할 수 있었던 것은 이런 맥락에서 이해할 수 있다.

하지만 사실 여성혐오 사상은 단순히 기독교에 국한

된 것이 아니며, 인류 역사 전반에 걸쳐 이어져온 것이다. 그 안에는 여성 존재에 대한 남성의 인식이 담겨 있다. 그것은 첫째, 여성은 남성보다 열등한 존재라는 것이다. 어느 한 가지 영역에서 열등하다는 것이 아니라, 육체적·존재론적·인식론적·도덕적 영역 등 모든 부분에서 여성은 남성보다 열등하다. 둘째, 여성을 악을 가져오는 위험한 존재로 본다. 열등할 뿐만 아니라 악하기까지 한 존재라는 인식이 더해지면서 여성에 대한 부정적인 이해는 한층 강화되었다.*

교부신학자들의 성서 해석은 기독교 내에서 특히 이러한 부정적 이해가 강화되는 데에 중요한 역할을 했다. 기독교인이라면 누구나 아담을 유혹하여 죄에 빠뜨린 하와에 대한 창조 서사를 알고 있을 것이다. 여기서 하와는 하나님이 절대 먹지 말라고 당부하신 선악과를 먹어버렸을 뿐 아니라, 아담의 마음까지 흔들어 선악과를 먹게 한 죄악의 장본인이라 일컬어진다. 교부신학자들은 이 일화를 해석하면서 모든 여성을 하와와 동일시하여 '잠재적인 유혹자' '위험한 존재'로 낙인찍었다. 이러한 기독교 여성

---

*　강남순, 『페미니즘과 기독교』, 동녘, 2017.

관이 후대 토마스 아퀴나스로 대표되는 중세 신학과 마르틴 루터와 존 칼빈으로 대변되는 종교개혁 시대의 신학에까지 그대로 전승되면서 교회 내 여성혐오의 사상적 토대를 이루게 되었다. 이후 개신교 전통 신학은 여성을 원죄와 연결하면서, 여성은 죄악의 원인 제공자로서 남성에 비해 열등한 존재라고 규정하였다.[*]

지금까지 조금 딱딱하고 어려운 이야기를 한 듯한데, 앞서 살펴본 기독교의 여성혐오 사상이 오늘날의 교회에서 발화되는 양상을 살펴보면 좀 더 공감할 수 있을 것이다. 내가 만나 인터뷰한 C는 교회 청년부 예배 시간에 이런 설교를 들었다고 한다.

한번은 목사님이 죄에 대해서 설교하시는데, 우리가 조심해야 할 것은 '술과 여자'라고 말씀하시는 거예요! 정말이지 너무 어이가 없어서…… 예배드리는 인원의 절반이 여자인데 그럼 그 많은 사람들이 다 조심해야 할 대상이라는 건가요? 굉장히 여성혐오적인 발언인데, 그 발언 자체보다 더 심각한 건 다들 그 말을 농담으로

* 김은혜, 「한국 교회, 여성혐오를 넘어서다」, 《한국여성신학》 제83호, 2016.

받아들이고 아무도 문제시하지 않았다는 거예요. 저는 이런 여성 혐오 발언이 농담처럼 소비되는 사회 속에 있을 수 없을 것 같다는 생각이 들었어요. 그래서 그다음 주부터 청년부 예배에 나가지 않았죠.

여성을 '남성을 성적·정신적으로 유혹하여 넘어지게 할 수 있는 위험한 존재'로 이해하는 것은 개신교의 대표적인 여성혐오 사상이다. 그러나 목사는 아무 거리낌 없이 이러한 내용을 설파했다. C를 더욱 당황하게 한 것은 그 말을 함께 들은 주변 성도들의 모습이었다. 성도들은 목사의 이야기에 아무렇지 않게 웃는 것으로 반응했는데, C의 눈에는 그 모습이 마치 그 발언을 자연스럽게 수용하는 태도로 보였다.

나 또한 한 사람의 교회 여성으로서 이와 비슷한 말들을 숱하게 들어왔다. 『내면 세계의 질서와 영적 성장』이라는 책으로 많은 개신교인들에게 잘 알려져 있는 고든 맥도날드. 영향력 있는 목사인 그에게는 성 추문으로 얼룩진 과거가 있다. 당시 목사는 자신이 저지른 '간음죄'를 인정하고 공개적으로 사과하며 교단을 떠났다. 이후 삼 년 만에 깊이 회개하고 돌아와 좋은 목회자와 저술가로 활동하고 있다는데, 이 이야기가 '협력하여 선을 이루시는 하나님'의 대표 사례 격으로 소환되고 있다. 여기서 또 빠지지 않는 것이 바로 목회자는 '술과 여자'를 조심해야 한다는 교훈이다. 대학 시절 그의 책을 읽고 있으면 내 주변의 개신교인 친구들은 어김없이 다가와 목사의 이야기를 들려주었고, 이야기의 결론은 언제나 '목회자(남자)는 여자를 조심해야 한다'로 귀결되었다.

이토록 일상화된 여성 존재에 대한 혐오라니. 당시 나는 그 말이 어딘가 껄끄러웠지만, 불쾌감을 말로 표현해내기가 쉽지 않았다. 그 후 오랜 시간이 흘러서야 그 서사에 담겨 있는 여성혐오에 대한 불편함 때문이었다는 것을 알게 되었다.

교회 내 유치부 교사로 봉사했다는 D는 교회에서 소위 '몸평'을 당한 적이 있다고 했다.

어느 주일이었어요. 유치부 교사 모임을 마치고 나오던 길이었는데, 한 남성 장로님께서 저에게 말씀하셨어요. "여자가 교회에 그렇게 살갗이 다 보이는 옷을 입고 와도 되냐, 창녀처럼." 살갗이 보이면 다른 남성 성도들이 어떻게 생각하겠느냐는 거죠. 아니, 근데 그건 그렇게 생각하는 사람들이 잘못된 게 아닌가요? 아무튼 그런 말씀을 하시면서 마치 내가 너를 위해서 조언해주는 거라는 식으로 나오는데, 저는 너무 충격받았어요. 더는 그분을 보고 싶지 않아서 유치부 교사도 그만뒀어요.

전해 듣는 나도 큰 충격을 받았는데, 직접 그 몰상식한 언사에 노출된 D의 마음은 오죽했을까. 그는 당시 너무 멍해진 나머지 아무 말도 하지 못했고, 얼굴만 화끈거렸다고 했다. 어떻게 옷 하나로 상대방을 판단할 수 있을까. 그럼에도 해당 장로는 신체 부위가 노출되는 옷을 입는 것은 '창녀'나 하는 행동이라고 힐난하며, 아이들을 가르치는 여성은 노출 없는 옷을 입는 것이 바람직하다는 기준을 제시했다. 날이 더워 민소매 한 번 입고 왔다고 이런 봉변을 당하다니. D는 남성은 민소매를 입거나 심지어 슬리퍼를 신고 와도 별말 하지 않으면서, 유독 여성에게만 엄격한 잣대를 들이미는 것이 부당하다고 생각했다.

창녀라는 말의 의미가 갖는 부당함은 차치하고서라도, 이 남성 장로의 발언은 여성을 향하는 존재적 혐오의 민낯을 보여주기에 충분하다. 여성을 '성적으로 남성을 유혹할 수 있는 육체적 대상'으로 설정하고, 잠재적인 위험성을 가진 자가 상대방을 위해 스스로 조심해야 한다고 말하는 것이기 때문이다.

이와 유사한 사례로 E의 이야기도 소개하려 한다. E는 교회 내 부목사의 '처'인 이십 대 젊은 사모를 향하는 몸에 대한 지적을 직접 본 일이 있다고 했다.

> 저희 교회 부목사님들 중에 한 분이 일찍 결혼해서 엄청 젊은 사모님이 생긴 거예요. 진짜 저랑 나이 차이도 얼마 안 나는……. 그분이 임신하셔서 배가 점점 불러오는데, 그 모습을 본 여성 권사님들이 배를 가리고 다녀야지, 그렇게 드러내고 다니냐며 한 말씀씩 하셨어요. 임신한 모습이 드러나지 않게 가려야 한다는 건데, 왜 그래야 하는지 잘 모르겠어요. 아무거나 입어도 상관없잖아요. 확실히 사모가 마치 여성의 대표라도 되는 것처럼 유독 다른 사람들이 그 외모에 신경 쓰고 간섭하는 경향이 있는 것 같아요.

여기서 임신한 배를 가리라는 말은 임신부의 건강을 위해 몸을 따뜻하게 하라는 애정 어린 조언이 아니었다. 사모의 임신한 몸, 불러온 배를 부끄러운 것으로 인식하여, 드러나지 않게 가리고 다니라는 일종의 지침을 제공한 것이다. 어쩌면 이 또한 젊은 여성의 몸을 향한 존재적 혐오 때문은 아닐까.

교회 내에서 목사 사모는 여성의 대표 격으로 인식되기에, 소위 '몸가짐'에 있어 더욱 엄격한 기준을 적용받는다. E는 중학생 시절 교회에 비치되어 있던 『사모의 몸가짐』이라는 제목의 책자를 기억한다. 책은 사모가 성도들을 대할 때 갖추어야 할 태도를 비롯하여 외적으로 신경 써야 하는 기준들을 목록화하여 다루고 있었다.

> 첫 장부터 사모는 성도들을 대할 때 친절해야 된대요. '왜 친절해야 하지?'라는 의구심이 들었지만 일단 그냥 넘겼죠. 그랬더니 그 다음 장은 사모의 옷차림에 대한 내용인데, 사모는 옷을 너무 화려하게 입어서는 안 된대요. 그러면서 선글라스를 끼고 장신구를 주렁주렁 단 여자 일러스트에 가위표를 해놨어요. 너무 원색적이지 않나요? 다시 다음 장을 넘겼는데, 이번에는 그렇다고 사모가

너무 누추해서도 안 된대요. 그래놓고 또다시 성도들이 너무 시샘

할 만한 장신구를 해서도 안 된다 줄줄줄……. 너무 지나친 규제에

'그래서 사모는 도대체 뭘 입어야 하지?' 생각했었거든요.

오늘날 우리네 교회도 원색적인 책자만 없을 뿐, 사모를 향하는 엄격한 기준은 동일한 것이 아닌지 돌아보아야 한다. E는 마치 사람이 아닌 액세서리의 기준을 다루고 있는 듯한 책자를 보며 '사모는 목사의 트로피 와이프인가?'라는 의구심을 갖게 되었다고 한다. 그렇다면 사모의 '몸가짐'에 대한 기준이 형성된 배경은 무엇일까. 그것은 사모의 남편 목사에게 있다. 사모는 목사인 남편의 옆에 존재해도 될 만한 몸가짐을 갖추어야 한다는 인식이 팽배해 있는 것이다.

교회는 사모의 정체성을 남편 목사의 '보조자'로 확정한 후, 그에게 누가 되지 않도록 자신을 잘 관리하라는 당위적 지침을 부과한다. E의 교회 여성 권사들이 젊은 사모의 불러온 배를 지적한 것은 이러한 규제 지침을 자연스럽게 내면화했기 때문일 것이다. 좀 더 거슬러 올라가면 그 뒤에는 여성을 존재 가치가 있는 '성스러운 여성'과 그

렇지 못한 '속된 여성'으로 이분해온 교회 내 잘못된 전통이 자리하고 있다.

우에노 지즈코(上野 千鶴子, 1948~)는 『여성혐오를 혐오한다』에서 '성녀와 창녀' '아내와 매춘부' '결혼 상대와 놀이 상대' '아마추어와 프로' 등은 우리에게 아주 익숙한 이분법이며 이 안에는 성의 이중 기준이 내포되어 있다고 강조한다. 남성의 성도덕과 여성의 성도덕이 서로 다르다는 것인데, 남성은 호색할수록 높게 평가되나, 여성은 성적으로 무구할수록 좋은 것으로 여겨지는 현실이 그 방증이다. 상호 정절을 내세우면서도 남성의 위반 가능성을 인정하며 그 위반 행위의 짝이 되어줄 여성을 찾는 근대사회의 일부일처제 역시 성별에 따른 성도덕 차이를 보여주는 사례이다. 그 결과 여성의 섹슈얼리티는 '생식 전용'과 '쾌락 전용'의 두 집단으로 나뉘어 대립하고 서로를 소외하게 된다. 그리고 이렇게 이분된 아내와 매춘부 내지는 성녀와 창녀 두 집단의 구성원들은 모두 각자의 위치에서 억압을 경험하게 된다.[*]

[*] 우에노 지즈코, 나일등 옮김, 『여성혐오를 혐오한다』, 은행나무, 2012, 54~55쪽.

우리의 가부장적 교회 문화 역시 동일한 이분법을 갖고 있어, 여성의 범주를 성스러운 여성과 그렇지 못한 여성으로 이분하는 여성혐오의 양상을 자연스럽게 수용·강화하는 것이다. 이러한 분위기 속에서 교회 여성들은 '성스러운 여성'이 되려면 남성을 유혹할 수 있는 육체를 최대한 가리라고 종용받거나, 화려하거나 몸매가 드러나는 옷차림은 지양하라는 구체적인 규제에 시달리게 된다. 그리고 스스로를 검열하며 관리하기에 이른다.

지난 2017년 기독교 언론 매체 《뉴스앤조이》는 최초로 교회 내 여성혐오에 관한 설문조사를 실시했다. 전체 353명의 응답자 중 83.3퍼센트(294명)가 교회나 기독교 단체에서 여성혐오를 경험한 적이 있다고 답했고, 나머지 응답자들 중에서도 직접 여성혐오를 경험하지는 않았어도 사례를 알고 있다고 답한 경우가 10.5퍼센트(37명)나 되었다. 이들이 직간접적으로 경험한 바 있는 교회 내 여성혐오의 유형은 '외모·복장·나이를 언급하는 문화' '성 역할 고정 및 차별' '여성 차별적 설교' '기타' 순으로 많았으며, 대다수가 교회에서 세 가지 모두를 경험한 것으로 나타났다.*

위의 설문 결과는 비단 D와 E의 교회뿐 아니라 많은 교회에서 '젊은 여성'의 몸에 대한 지적과 평가가 비일비재하게 이루어지고 있다는 것을 보여준다. 앞서 언급한 바와 같이 이는 오랫동안 여성을 대상화해온 교회의 여성혐오적 전통에 기인하며, 우리 사회를 관통하는 가부장 문화는 비뚤어진 교회의 전통을 강화하고 혐오의 토양을 더욱 비옥하게 한다.

여체에 대한 혐오는 여성혐오 중에서도 가장 원초적인 혐오에 속한다. 그러나 우리는 한국의 교회 여성 D와 E의 경험을 통해, 한국 개신교회 내에 이런 종류의 혐오가 건재하다는 것을 확인했다. 하지만 교회의 여성혐오는 단순히 여성을 성적으로 대상화하며 잠재적인 유혹자 내지는 위험하고 오염된 존재로 규정하는 발화에 그치지 않는다. 교회 내 여성혐오는 매우 다양한 결을 가지고 있으며, 교회라는 특수한 공간적·문화적 특성으로 인해 독특한 모습을 띠기도 한다. 나는 여성들이 교회 내에서 경험하는

---

* 해당 설문조사는 2017년 3월 17일부터 24일까지 일주일간 《뉴스앤조이》 페이스북 페이지를 통해 진행되었다. 문항은 '교회나 기독교 단체에서의 여성혐오 경험 유무' '경험했거나 알고 있는 사례의 종류' '여성혐오 경험 후 대처와 그 이유' '여성혐오와 관련해 교회에 바라는 점'으로 구성되었고, 응답자 353명 중 여성이 295명(83.6%), 남성이 54명(15.3%)이었다. 연령대는 20대가 245명(69.4%)으로 가장 많았고 30대가 82명(23.2%)으로 두 번째로 많았다. (「이것이 교회 내 아무 말 대잔치다」, 《뉴스앤조이》, 2017.3.25.)

혐오의 구체적 양상을 2장에서 다루려 한다. 하지만 그전에, 새로운 언어를 얻어 그간의 교회 내 불합리한 상황을 혐오라 규정하고 설득력 있는 어조로 변화를 부르짖는 페미니스트 교회 여성들의 등장과 그 배경에 대해 이야기해보고자 한다.

페미니스트 교회
여성의 등장

○ 그들은 어떻게 그게 불합리한 일이라는 걸 알 수 있었을까

가상의 사건을 생각해보자.* 어느 날 미국 라스베이거스에서 살인 사건이 일어났다. 범인은 백인이었고, 저녁 시간 공용 화장실에 몰래 숨어 있다가 볼일 보러 온 동양인을 살해했다. 특이한 점은 피해자 이전에 화장실에 들어온 백인들이 여섯 명이나 있었음에도 그들은 모두 그냥 보내고 일곱 번째로 들어온 동양인을 살해했다는 것이다. 왜

---

* 　해당 사건은, 최승범의 『나는 남자고, 페미니스트입니다』(생각의 힘, 2018, 75쪽)를 참고하여 구성한 것이다.

그랬느냐고 묻는 조사관에게 그는 "동양인들이 나를 무시해서 그런 일을 저질렀다"고 답했다. 우리는 이 참담한 사건을 어떻게 해석하게 될까. 인종차별에 근거한 동양인 혐오 범죄라며 분개하고 안타까워하지 않겠는가.

2016년 5월 17일 우리나라에서 이와 아주 비슷한 사건이 실제로 발생했다. 한 남성이 강남역 인근의 어느 공용 화장실에 숨어 있다가 화장실에 들어온 여성을 살해한 것이다. 앞서 화장실에 들어왔던 여섯 명의 남성을 그냥 보낸 뒤 일곱 번째로 들어온 여성을 살해한 그는 범행 동기를 묻는 질문에 "여자들이 나를 무시해서 그랬다"고 답했다. 우리가 앞서 살펴본 가상의 라스베이거스 사건을 동양인 혐오 범죄라 판단한다면, 강남역 사건 또한 여성혐오 범죄로 보아야 마땅하다.

하지만 이 사건은 가해자가 조현병을 앓고 있었다는 이유로 '정신 질환에 의한 묻지 마 살인'으로 규정되며 일단락되었다. 하지만 순전히 조현병 증상으로 인해 자행된 살인이라면 그가 피해 여성에 앞서 화장실에 들어왔던 여섯 명이나 되는 남성을 그냥 보낸 것은 어떻게 해석할 수 있을까. 가해자는 줄곧 일관되게 여자들이 나를 무시해서 살인을 저질렀다고 밝혔지만, 그 진술은 어디론가 휘발되어버렸다.

　여성을 상대로 범죄를 저지른 남성 가해자들은 자신은 변두리에 몰렸기 때문에 어쩔 수 없었다고 말한다. 그러면서 책임을 여성들에게 전가함으로써 폭력을 정당화하려고 한다. 자신의 입지가 흔들리게 된 것은 여성들이 내 자리를 대신 차지해버렸기 때문이라고. "감히 여자가 나를 무시했다"고 말하는 이들의 사고에는 여성은 남성 아래에 있어야 하고, 남성보다 앞서서는 안 된다는 전제가 깔려 있다. 실로 유해한 남성성toxic masculinity의 유해한 권리 의식이라 말하지 아니할 수 없다.

　그러나 안타깝게 마무리되는 듯했던 강남역 여성혐오 살인 사건은 대중을 각성케 하며 변화를 불러일으켰다. 사건 이후 강남역 10번 출구에 붙었던 수많은 포스트잇에는 '나는 우연히 살아남은 것뿐'이라는 사실을 자각한 수많은 여성들의 분노가 담겨 있다. 과거에 '침묵당했던' 여성들은 공감과 연대라는 무기를 들고 일상화된 여성혐오 문화에 문제를 제기하기 시작했다. 강남역 살인 사건은 단순히 끔찍한 범죄가 아니라, 여성혐오와 폭력 문화라는 그늘진 현실에 변화를 촉구하게 된 상징적인 계기로 자리매

김했다. 더불어 페미니즘 리부트라는 매개적 효과를 낳으면서 여성의 목소리가 드러나고 수용될 수 있는 하나의 조건을 만들어냈다.

기독교계와 여성신학계 역시 예외는 아니었다. 학계는 뿌리 깊은 여성혐오의 역사와 교회의 관계를 탐색했고, 기독교 언론들은 여성들이 피부로 느낀 교회 내 혐오 경험을 보도했다. 그러한 움직임은 비록 주류는 아니었으나, 분명 과거에는 보지 못했던 자성과 성찰의 물결이었다. 내가 인터뷰한 교회 여성 대다수는 이러한 분위기 속에서 현실을 새롭게 자각할 수 있었다고 말했다. 새로운 의식은 그간의 '일상성'을 낯설게 바라보며 끊임없이 질문을 던지게 한다. 교회 여성들은 기독교 내부에 일어난 크고 작은 변화의 흐름 속에서, 교회 내 여성혐오 문제를 자신이 처한 상황 속에서 독해하게 되었다. 그런 그들에게 새로운 설명력을 준 것은 페미니즘 지식이었다.

○ 새로운 분석자, 능동적인 해석자로 거듭나다

성인이 된 후 신앙생활을 시작했다는 B에게는 교회 남성 청년들과의 대화에서 불편함을 느꼈던 경험이 있다. '미러링mirroring*'이 사회적으로 화제가 되었을 때였다. 당시 그들은 여성들이 미러링을 통해 주장을 관철하려 하는 것은 옳지 않다고 비판했는데, 나아가 아예 여성들이 우리 사회 내 성차별 문제를 지적하려 해서는 안 된다고 말하기까지 했다. 이들은 '성경의 근본 질서'를 수용하여 남성이 여성보다 우위에 있다는 '진리'를 인정해야 한다는 입장을 가지고 있었다.

> 교회에서는 남자가 주인이니 여자는 남자를 잘 섬기는 것이 마땅하다고 이야기하는데, 저는 그렇지 않다고 생각하거든요. 다른 이야기였으면 당장 반박했을 것 같아요. 그런데 오빠들이 성경에 나온 이야기라는 것을 근거로 주장하기 시작하니까, 반박하기가 어려운 거예요. 또 오빠들은 모태신앙인 데다가 저보다 나이도 많았으니까 더더욱 감히 무어라 말할 수가 없더라구요.

---

* 미러링은 여러 의미로 쓰이지만 한국에서는 상대방의 잘못, 특히 여성혐오적인 말이나 행동을 반대로 뒤집어 보여줌으로써 그 문제를 선명하게 드러내기 위한 논증 및 설득 전략이라는 의미로 통한다.

이제까지 교회 내에서 여성은 자신들이 겪는 차별을 호소할 자격도 없는 존재로 여겨졌다. B 역시 반론하고 싶은 마음이 굴뚝같았지만, 성경을 토대로 반박하는 논리를 세워가기가 쉽지 않았다고 했다. 그러나 마침 이즈음 대학에서 여성학 수업을 수강하며 교회와 성 평등에 대해 새롭게 성찰할 수 있었다고 했다.

하루는 자신이 겪은 여성혐오적 경험에 대한 에세이를 제출하는 과제가 있었어요. 교수님이 과제를 취합하신 뒤 일례를 들어주셨는데, 어떤 목사님이 청년부 전원을 앉혀놓고 남자들한테 "나는 늑대다"라고 외치게 하고, 여자들한테는 "순결해야 한다"라고 소리 내어 외치게 했대요. 자기는 그 이후로 교회에 다니지 않게 되었는데, 교회가 그렇게 뿌리 깊은 여성혐오 집단인지 몰랐다고 썼더라구요. 처음에는 무의식적으로 우리 교회와 비교하게 됐어요. '에이, 그래도 우리 교회가 저것보다는 낫지' 하고요. 그런데 좀 더 생각해보니 '정말 나은 게 맞나? 정도가 약한 것뿐이지 우리 교회가 성 평등한 집단은 아닌 것 같은데?'라는 생각이 들었어요. 만약 여성학을 배우지 않았다면 은연중에 느껴지는 혐오들을 깊이 생각해볼 계기가 없었을 것 같아요. 당연하게 생각하며 넘어갔겠죠.

이후 B는 교회를 '성 평등을 상실한 집단'으로서 새롭게 인식하기 시작했다. 더불어 이전에 불편함을 느꼈던 것 또한 자신이 잘못되었기 때문이 아니라 실제로 반성이 필요한 부분이었기 때문이라는 것을 깨달았다.

페미니즘과 여성신학에 대한 지식이 쌓여갈수록 B는, 교회가 주장하는 것과는 달리, 교회 내 성 평등을 실현하는 것이야말로 예수께서 몸소 보이시며 가르치신 삶과 일치하는 바임을 확신하게 되었다. 뒤에서 자세히 다루겠지만, 이후 그는 교회 내 구성원들이 여성혐오 문제를 비판적으로 성찰할 수 있도록 배움의 길을 열어주는 매개자의 역할을 하게 된다.

D도 강남역 여성혐오 살인 사건 당시 학교에서 들은 여성학 수업에서 많은 영향을 받았다. 여성학적 사고가 강하고 평등의 가치를 강조하는 학풍을 가지고 있던 D의 학교에서는 '여성이 지목된 살인'에 대하여 토론하는 장이 열리기도 했다. 많은 이들이 함께 아파하며 공감했고, D 또한 우리 사회의 여성을 향해 드리운 폭력의 그늘을 깨달으며 교회 내 여성혐오 문제에도 자연스럽게 눈을 돌리게 되었다.

저는 어렸을 때 하와가 아담의 갈비뼈로 만들어졌기 때문에 여성은 남성에게 속한 부수적인 존재라는 이야기를 들어도 사실 그렇게 예민하게 받아들이지 않았어요. 사실 아직까지도 교회에는 "행동을 조신하게 해라" "야한 옷을 입고 다니지 말아라"라고 말씀하시는 어른들이 많이 계시거든요. 이전 같았으면 아무런 문제를 못 느꼈겠죠. 뭐 사실 그때도 너무 부끄럽고 기분 나쁘긴 했지만, 그게 맞는 줄 알았으니까……. 하지만 지금은 달라요. 오래전부터 이어져온 이 모든 것들이 다 여성혐오였구나, 깨닫게 된 거죠.

이 시기 D는 함께 수업을 들으며 지식을 공유하는 친구들과의 관계망을 통해 교회 내 여성혐오의 실체를 보게 되었다. 유독 여성을 지목하여 외모나 행동을 엄격하게 지적하고 규제하는 것부터, 성경 최초의 인물인 아담과 하와를 해석하며 여성을 남성의 보조자로 정의하는 문제까지……. D는 이 모든 문제를 재해석하기 시작했다. 이전에는 '창녀 같다'는 말을 듣고 감정적으로 상처를 받았을 때조차 그것을 스스로의 죄의 문제로 받아들였다면, 이제는 성도 의식의 본질에 여성을 성녀와 창녀로 구분하는 존재적 혐오가 맞닿아 있다는 것을 알게 되었다. D는 새로운 깨달음 가운데 자유함을 느꼈다. 그리하여 이후로도 페미니스트 연구 모임 등을 스스로 찾아다니며 더 많은 지식을 얻기 위해 노력했다.

다음과 같은 말들은 신앙인들 사이에서 마치 정언명령처럼 여겨지고 있다.

"여자는 아담의 갈비뼈로 만들어졌으니 남자에게 속했다고 볼 수 있지. 그러니 남자의 다스림을 인정해야 해."

"창세기에 따르면 여자는 남자를 '돕는 배필'로 창조되었어. 그러니 여자는 응당 돕는 자가 되어야 해."

이미 창조 서사에서부터 젠더 질서와 위계는 정해진 것이라고 보고, 여성들에게 '보조자' '돕는 자'로서의 정체성을 주입하는 것이다.

얼마 전 해외에서 잠시 귀국한 여성 선교사님을 만날 기회가 있었다. 그분의 사역지는 힌두교를 국교로 지정하고 있는 나라였기 때문에 노골적인 전도 방식은 사용할 수 없었다. 그래서 현지에 정착하여 이웃과의 관계에서 예수를 전하는 선교 방식을 택했다. 그는 함께 사역하는 남편 선교사보다 현지 언어에 능숙했고, 대인관계를 이끌어가는 측면에서도 탁월했기에, 자연스럽게 사역에서도 남편 선교사보다 큰 성과를 얻을 수 있었다.

그러던 어느 날, 그들을 파송한 한국 교회의 성도들이 현지에 방문했다고 한다. 그들은 사역이 여성 선교사를 중심으로 이루어지는 것을 보고 못마땅하게 여겨 훈수를 두었다. 성경에 따르면 여자는 돕는 배필이니 남편이 사역을 열어갈 수 있도록 뒤로 물러나서 그저 돕기나 하라는 것이었다. 여성 선교사는 불화를 만들고 싶지 않았기 때문에 동요하는 마음을 애써 눌렀으나, 사역 현장에 대한 이해나 진지한 고민 없이 '돕는 배필'을 운운하는 그들의 태도에서 큰 상처를 받았다. 열악한 환경에서 열심히 봉사하고 있는 이의 열정과 사기를 꺾고도 남을 만한 일이었다. 이것이 비단 특수 사례일 뿐이라면 얼마나 좋을까. 그러나 불행하게도 우리는 교회 공동체 곳곳에서 이런 이야기들을 일상적으로 마주하게 된다.

많은 설교자가 하나님이 아담을 위해 여자를 돕는 배필로 만드셨으며, 그것이 곧 여자의 부차적 위치를 의미한다고 가르친다. 그래서인지 아직도 우리에게는 교회에서 남자가 주도권을 갖고 대표자가 되며, 여자가 보조자·조력자로서 이를 돕는 구도가 매우 자연스럽다.*

그러나 이러한 해석은 정말 옳은 것일까. 구약학자

필리스 트리블(Phyllis Trible, 1932~)은 '돕는 배필'에 대한 새로운 해석을 제시하였다.

창세기 2장에 사용된 '돕는'이라는 히브리어 단어는 구약에서 주로 하나님에 대해서만 사용되었다. 우리가 "하나님은 우리의 도움이시요, 구원자"(시 70:5)라고 말하거나, "우리의 도움이 여호와께로부터 온다"(시 121:2)고 고백할 때 사용하는 단어가 바로 이 단어이다. 그렇지만 하나님은 '우리의 도움'이라고 말할 때 우리는 하나님이 우리보다 낮은 존재라고 생각하지 않는다. (…) 여자는 모든 본질적인 면, 즉 하나님의 형상을 갖고 있다는 점에서 '남자와 대등한 돕는 자', 함께 지내며 함께 일하는 사람이다.**

위의 논의에 더하여 학자 메리 스튜어트 밴 르우윈(Mary Stewart Van Leeuwen, 1943~)은 하나님은 남녀 모두에게 생육하고 번성하여 땅 위에 충만하며, 다른 모든 생물

*   메리 스튜어트 밴 르우윈, 『신앙의 눈으로 본 남성과 여성』, IVP, 1999, 46~47쪽.
** 메리 스튜어트 밴 르우윈, 앞의 책, 48~49쪽.

을 다스리라고 말씀하셨음을 이야기한다. 흔히 문화명령이라고 일컫는 이러한 명령이 인간 모두에 대한 것이었다는 사실을 알 때 우리는 다스림(돌봄)의 권한도 한 젠더에 속한 것이 아니라, 하나님이 만드신 사람이라는 피조물 모두의 것임을 알게 된다.

창세기 2장 23절 아담이 모든 생물의 이름을 지어주면서 자신 옆에 존재하는 생명을 여자라 부르겠다고 선언하는 장면을 강조하는 설교자들도 있다. 즉 아담이 여자와 다른 모든 생명 들에게 이름을 지어주었다는 것을 볼 때, 주재권이 아담, 즉 남자에게 있음을 알 수 있다는 것이다.

그러나 조금 더 자세히 이 구절을 살펴보면 당시 아담은 여자를 '여자'라 칭하였을 뿐이지, '하와'라 부른 것은 아니다. 그렇기에 그 행위를 여자의 정체성을 완전히 규정짓는 '다스림의 행사'라 보기는 어렵다. 필리스 트리블은 다음과 같이 말했다.

그 여자를 부를 때, 남자는 그 여자에 대해 권력을 행사하고 있는 것이 아니라 다만 그들의 상호성에 대해 기뻐하고 있었다. (…) 남자의 시 "내 뼈 중의 뼈요 살 중의 살이라. 여자라 칭하리라"는 말은 이 여자가 누구인지를 결정하는 것이 아니라, 하나님이 성性을 창조하시면서 이미 이뤄놓으신 일에 대해 기뻐하는 것이다.*

책임과 권한을 함께 누리고, 대등한 관계 속에서 상호 의존하며 돕는 것. 나는 이것이 하나님께서 사람에게 주신 관계성임을 믿는다.

지식이 일상을 깨우고 영감을 불어넣을 때 어떤 변화가 일어나는가. 나는 내가 만난 교회 여성들의 이야기를 통해 이를 확인할 수 있었다. 페미니즘과 여성신학 지식을 습득하게 된 이들은 본인의 위치를 교회 내부의 문제에 대한 분석자와 해석자로서 새롭게 설정해가고 있었다.

C는 여성을 대상으로 한 범죄 사건이 가시화되면서, 차츰 주변의 친구들이 자신의 현실 속에 내재한 차별과 혐오의 문제를 발견해가는 것을 보았다. 그 자신 또한 여성혐오가 쟁점이 될수록 페미니즘 지식에 대한 갈증이 생겨 여성학 수업에도 적극적으로 임하게 되었다. 사회가 여성에게 정형화된 가치 기준을 강요할 때 어떻게 돌파해나

---

* 메리 스튜어트 밴 르우윈, 앞의 책, 46쪽.

가야 할지를 배우기 위함이었다. C는 습득한 지식을 통해 자신이 처한 불합리한 상황을 언어화하는 힘을 기를 수 있었다. 실제로 그는 남성들과 함께 듣는 수업에서 제기되는 논쟁적인 주제에 대해서도 적극적으로 자신의 의견을 피력하기를 주저하지 않는 학생이었다.

이후 C는 자연스럽게 자신이 오랫동안 머물러온 교회 공간으로 페미니즘적 감수성의 적용 범위를 넓혀갔다. 유치부 교사로 일 년간 봉사한 경험이 있다는 C는 교회 내에서 빈번하게 일어나는 성 역할 구분과 강요가 어린아이들에게 미치는 영향이 만만치 않다는 것을 알게 되었다. C는 예배의 순간순간마다 교사들의 입을 통해 성 역할 규범에 따른 고정된 행동 양식이 설파되고, '정상가족'에 대한 메시지가 강조된다는 것을 발견했다.

아이들에게 항상 그러는 거예요. "엄마한테 도장 받아 와." "아빠한테 돈 달라고 해." 마치 숙제 검사 같은 자녀 교육은 엄마의 몫, 경제권 행사는 아빠의 몫이라는 것처럼…… 또 그게 아니라도 '아, 만약 여기 엄마나 아빠가 안 계시는 아이가 있다면 정말 큰 상처를 받겠구나'라는 생각이 많이 들었어요. 교회 내에서는 이

미 정상가족이라는 게 하나의 구조적인 권력이 되어버렸기 때문에, 저 혼자서 지적한다고 해서 바꿀 수 있는 문제가 아니었어요. 예배 중 찬양 율동 시간에도 아무렇지도 않게 이런 말들을 해요. "자, 여자 친구들만 일어서서 해볼게요. 예쁘게 깜찍하게! 이번엔 남자 친구들 일어서서 해볼게요. 멋지게 씩씩하게!" 너무 전형적인 젠더 롤을 여섯 살, 일곱 살 되는 어린아이들에게 주입하고 있는 걸 보면서…… 저 정말 일 년 동안 너무 힘들었어요.

아이들과 많은 시간을 함께하는 교사의 가르침 속에 젠더 역할에 대한 고정관념이 담겨 있다는 것은 매우 심각한 문제다. 특히 조손 가정과 한부모 가정이 상당한 비중을 차지하는 오늘날, 엄마, 아빠, 자녀로 구성되는 이른바 정상가족에 속하지 않는 아이들은 그러한 말을 들었을 때 얼마나 큰 상처를 받게 될까.

C는 유치부 교사들 간의 대화에서도 성 역할이 기준이 되는 정상가족을 강조하는 모습을 심심치 않게 찾아볼 수 있었다고 말했다. 당시 유치부 부장 선생님은 여자분이었는데, 주일 예배 때마다 학부모님들께 인사를 드리고, 짐과 물품을 챙겨주는 등 아이들의 필요를 채워주는 역할

을 했다. 한편 부장 선생님의 남편은 예배 시간에 떠들거나 집중하지 못하는 아이들을 벌 주며 훈육하는 역할을 했다. 동료 교사들과 교역자를 포함한 C의 교회 성도들은 부장 선생님 부부의 모습을 보며 "정말 이상적인 가정이에요"라는 찬사를 건넸다.

이들이 말하는 이상적인 가정이란 무엇인가. '권위 있는 아버지와 따뜻한 어머니'라는 젠더화된 가정상이 아닌가. 우리는 C의 교회 성도들의 말에서 교회가 칭송하고 강조하는 가정과 여성의 모습이란 어떤 것인지 어렴풋하게나마 짐작할 수 있다. 물론 그저 스쳐 지나가는 말 정도로 치부할 수도 있지만, 문제는 이러한 가정상이 계속 언급될 때, 여성의 위치와 정체성은 남성의 보조자이자 아이들의 양육자 정도로 한정된다는 것이다. 나아가 이와 같은 그릇된 생각이 아이들에게 그대로 주입되어 잘못된 의식 구조를 형성하는 안타까운 일이 벌어질 수도 있다.

C는 이 모든 것들에 대해 뼈저리게 문제의식을 느끼면서도 자신은 아무것도 할 수 없었다는 것에 자괴감을 느끼고 분개했다. 하지만 나는 C에게서 무언가 특별한 점을 발견할 수 있었다. 그것은 이상적인 가정에 대한 교회의 관점과 젠더화된 교육 방식의 문제점을 면밀히 탐색해

가려는 주도적인 노력이었다.

C의 능동적인 사유를 통해 우리가 그저 자연스럽게 수용해왔던 교회의 일상을 돌아보게 된다. 그 안에는 사실 수많은 고정관념과 권력문제 들이 내포되어 있고, 이것이 '지극히 자연스러운 섭리'라는 명분을 띠고 누군가의 삶을 규정지으며 쉽게 아물지 않는 생채기를 남기고 있다. 우리가 두렵고 떨리는 마음으로 일상을 면밀히 분석하고 바꿔나가야 하는 이유이기도 하다.

F, G, H, I는 모두 크리스천이라는 정체성 안에서 페미니즘을 접한 사람들이다. 페미니즘과 신앙은 절대 이율배반적이지 않으며 신앙적 기반 가운데서도 페미니즘을 자연스럽게 수용할 수 있다고 말하는 이들은, 2016년을 기점으로 '믿는페미'를 조직하여 교회 내부의 변화를 위한 크리스천 페미니즘 운동을 열어가고 있다.

F는 믿는페미의 '책모임'을 통해 『하나님의 딸들』 『성경의 시대착오적인 폭력들』 등의 책을 읽으며 교회 내 여성혐오가 신학적이고 역사적인 기반 위에서 차근차근 쌓여왔다는 것을 알게 되었다고 했다.

여성의 존재에 대한 혐오가 극심한 맥락 속에서 신학 체계가 구축되었고, 교회 문화도 그것을 기반으로 형성되었으니까, 사실 성경에 여성혐오적 요소가 넘쳐나는 건 당연한 일이죠. 당시 사회상이 그랬던 거니까⋯⋯. 그 시절에는 여성이 월경하면 부정하다고 해서, 얼마간 격리하고 월경이 끝난 뒤 제사장 앞에 가서 속죄 의식을 치른 다음에야 다시 일상생활을 할 수 있었다고 하잖아요. 그런데 사실 이건 정말 월경이 부정해서가 아니라, 고대 사람들이 월경이 생리적인 현상이라는 것을 잘 몰랐기 때문이에요. 당시 피는 곧 생명이었으니 피를 흘린다는 것은 죽음을 의미하는데도, 여성은 월경하면서도 죽지 않았으니까요. 그리고 매달 흘리던 피를 열 달간 흘리지 않으면 새 생명이 태어났고요. 그 모든 게 남성 입장에서는 굉장히 신비하기도 하고 두렵기도 했을 거예요. 여성을 경외하고 질투하는 마음도 분명 있었겠죠. 피를 통해 일어나는 생명의 작용이 다 여성의 몸에서만 일어나니까요. 여성을 혐오하는 마음은 어쩌면 그러한 맥락에서 발생한 것일지도 몰라요. 이 모든 내용을 다 책에서 읽었는데, 정말 재밌었어요!

다음은 레위기 17장 11절에서 12절 말씀이다.

이스라엘 집 사람이나 그들 중에 거류하는 거류민 중에 무슨 피든지 먹는 자가 있으면 내가 그 피를 먹는 그 사람에게는 내 얼굴을 대하여 그를 백성 중에서 끊으리니 육체의 생명은 피에 있음이라. 내가 이 피를 너희에게 주어 제단에 뿌려 너희의 생명을 위하여 속죄하게 하였나니 생명이 피에 있으므로 피가 죄를 속하느니라.

생명은 피에 있고, 피에는 죄를 사하는 능력이 있다고 한다. F는 성경을 새롭게 해석하는 책의 내용을 통해, 남성 신학자들의 시선으로 해석된 피 흘림에 대한 혐오 이면에는 여성 존재에 대한 경외가 숨어 있었다는 즐거운 앎을 얻었다. 이후 F는 획득한 지식을 기반으로 신학 연구에까지 손을 뻗으며 교회 역사와 문화를 재해석하는 위치로 발돋움하게 된다. F가 그러하였던 것처럼, 우리가 '정상'과 '진리'로 여겨왔던 것들을 새로운 사고의 틀로 톺아본다면, 그 안에 숨은 무수한 차별과 아픔의 역사를 발견할 수 있을 것이다. 모든 교회 여성들로 함께할 것을 촉구하는 F의 말을 빌리며 이 대목을 마무리하려 한다.

교회는 여성은 잠잠하라고 말해요. 왜냐면 여자는 죄인이니까. 다른 사람들을 실족하게 할 수 있는 존재이니까. 여전히 그런 사상과 문화가 지배적이에요. 우리가 이것을 재해석하고 바꿔내야 해요. 시간이 얼마가 걸린다고 해도 반드시.

.

충돌과 고민 위에서
새로운 정체성으로 도약하다

사회가 변화하면 그 안에 속한 공동체의 생활 방식과 원리도 자연스럽게 바뀐다. 그런데 한국 교회는 일종의 예외 공간인 것 같다. 백소영은 만약 한 전문가 여성이 보수적인 신앙관을 가지고 있다면 일상에서 자기분열을 겪을 수 있다고 했다. 사회에서는 성별에 구애받지 않는 21세기 전문가 여성으로, 교회에서는 성경이 이상적이라 말하는 1세기 여성의 모습으로 살아가야 하니 삶이 분열할 수밖에 없다는 것이다. 자연스럽게 젊은 교회 여성들은 '나 되기'와 '여자 되기'가 충돌하는 삶의 정황 속에서 혼란을 겪게 된다. 이것은 근현대 초·중기에 형성된 개신교 여성관과 가정관을 현재까지도 그대로 유지하고자 하는 교회에 대한 비판이기도 하다. 현대 사회는 남편은 생산 노동을 하고 아내는 가사와 육아 노동을 하던 시절에 만들어진 성 역할 담론이 힘을 발휘할 수 없는 시기이다. 그럼에도 불구하고 여전히 교회 안에서는 그러한 성별 구분과 기능적 위계가 강력하게 작동하고 있는데, 이는 기독교가 가부장적 성 질서를 거룩한 신적 질서로 규정한 탓이라는 것이다.[*]

교회 구성원들이 여성의 역할을 '어머니' 혹은 '아내' 정도로 이해해버리는 것도 같은 맥락에서 이해할 수 있다. 나는 대학생 시절 다니던 교회에서 여성의 역할을 '자궁'에 비유하는 설교를 들었던 기억이 있다. 말 그대로 '사람이 머무는 집'인 자궁을 가진 여성은, 가족들에게 집과 안식처로서의 안정감을 줄 의무가 있다는 내용이었다. 이토록 완벽하게 여성을 대상화하는 설교가 가능할 수 있었던 것은 아내와 어머니로서의 여성 역할론이 매우 자연스럽게 여겨져온 교회 환경 때문이다.

C 또한 교회 청년부 예배에서 비슷한 설교를 들은 적이 있다. 설교의 주제는 청년들은 삶과 미래를 신앙 안에

---

[*] 백소영, 「페미니스트 성서 해석으로 제안하는 교회 '제도' 개혁」, 《뉴스앤조이》, 2018.06.07.

서 조명하고 방향을 잡아가야 한다는 것이었다. 당시 여성 청년들을 들어 "여러분은 앞으로 커서 어머니나 직장인이 될 텐데"라는 말로 포문을 연 목사는 그중에서도 특히 어머니 역할이 중요하다고 강조하면서 그에 부합하는 삶의 모델을 제시했다. C는 이 지점에서 크나큰 위화감을 느꼈다. 청년부 예배에 참여한 여성들은 대부분 장차 사회에 진출하여 각자의 역할을 감당하고자 하는 사람들이었다. 그럼에도 이들을 콕 집어 훌륭한 어머니가 되어야 한다고 강조하는 목사의 설교는 여성의 정체성을 규정하는 것은 물론, '어머니가 되지 않는 여성은 정상적인 여성이 아닌가?'라는 의문까지 들게 했다.

앞서 교회가 정상가족을 이상향으로 제시할 때, 한부모 가정의 아이들은 소외감을 느낄 수밖에 없다고 언급한 바 있다. 마찬가지로 교회 내에서 '여성은 곧 어머니'라는 등식이 자연스럽게 통용될 때 결혼을 하지 않거나, 아이를 낳지 않거나(혹은 낳을 수 없거나), 다른 성적 지향을 가진 여성들은 이질적인 인물로 여겨져 배제된다. 수많은 이들이 그런 이유로 교회를 떠났고, 지금도 떠나가고 있다.

C는 이처럼 교회의 공식 담론을 형성하는 설교에서부터 여성의 정체성을 규정짓는 일이 기듭되는 것을 보면

서 내적으로 크게 갈등하게 되었다.

어느 순간에는 그런 말들이 스스로를 향한 비판이나 비난같이 들리기도 하더라구요. 예를 들어서 설교에서 '믿음의 어머니'의 중요성에 대해 이야기하면, '나는 지금도 어머니가 아니고, 앞으로도 어머니가 될 생각이 없는데 그러면 나는 뭐, 쓸모없는 인간인가?' 이런 생각이 드는 거죠. 그러지 않으려고 해도 자꾸만 그런 생각들이 자괴감으로 이어지는 날들이 많아지니까…… 그게 너무 힘들었어요.

비단 그만의 일이라고 할 수 없는 이야기 앞에서 울컥하기도 했다. 사실은 그게 아니라는 것, 그 말은 틀렸다는 것을 잘 알면서도 교회라는 거대한 구조의 위력 앞에서 그저 묵비권을 행사할 수밖에 없다는 절망감. 때로는 그 절망감이 너무나 커서 '이 많은 사람들이 다 그게 맞잖아. 정말 내가 틀린 건 아닐까'라고 도리어 자신을 의심해본 경험이 있는 교회 여성은 정말 나뿐일까.

하지만 C는 여성혐오적 설교가 거듭됨에 따라 가중되는 내적 갈등 속에서도 교회 내에 '어머니'와 같이 유독 상징화된 젠더 기준이 작동하고 있다는 것을 분석해내었고, 이를 '젠더 프레임'으로 규정하면서 문제를 제기하고 있었다.

페미니즘 지식이 그간 교회 내에서 습득해온 가치 기준에 개입함에 따라 새로운 문제의식이 생겨나고, 내적인 고민과 충돌이 일어나는 것은 자연스러운 현상이다. A는 이러한 상황을 '2차 사춘기' 같다고 표현하기도 했는데, 이는 새로운 앎에 바탕을 둔 비판 의식이 생길수록 스스로 자신의 정체성을 어떻게 바라봐야 하는지 고민하게 되기 때문일 것이다.

A는 그간 신앙인으로서 교회 내 성 역할에 관한 '룰'에 자신을 맞춰왔지만, 페미니즘을 접하고 성경이 규정하는 남녀 질서로 여겨왔던 것들이 실은 여성혐오의 기틀 위에서 만들어진 것임을 자각한 후에는 몹시 고민하게 되었다. 자신의 신앙을 선택해야 하는 문제에 직면했기 때문이다. 그릇된 가르침을 설파하는 교회에 남을 것인가, 아니면 떠날 것인가.

그는 결국 기존 교회에 계속 출석하기로 결정했는데, 이것은 순전히 주체적 선택이었다는 점을 강조하고 싶다. 초신자 시절, 일명 새신자 반에서 배웠던 평등에 관한 신앙적 지식이 교회에 남기로 한 결정적 동기가 되었다.

> 그때 새신자 반에서 사용했던 교재가 『내가 누구인지 이제 알았습니다』라는 책이에요. 책도, 교육도 정말 좋았는데, 그때 제가 분명히 받은 메시지가 '모든 사람은 하나님 앞에서 동등하다'는 것이었어요. 그래서 저는 계속 교회에 다닐 수 있었어요. 내가 틀리지 않았다는 걸 확신할 수 있었으니까요.

A가 확신하는 믿음은 모든 존재가 '하나님 앞에서 동등하다'는 것이었는데, 그는 그러한 믿음 안에서 현 교회의 성 역할 질서와 룰은 바르지 않다는 것을 확신할 수 있었다.

처음 우리나라에 들어올 당시만 해도, 기독교는 개혁과 변화의 동력을 가진 종교였다. 그 당시가 어떤 시대였는가. 유교적이고 가부장적인 가치관이 팽배한 가운데, 수도 없이 많은 사람들이 차별과 소외를 몸으로 경험하던 시대가 아닌가. 그 가운데 등장한 기독교는 마치 '해방의 아이콘'처럼 여겨졌다. 모든 인간이 하나님에 의해 지음받았기에 '신 앞에서 남녀가 동등하다'는 평등의 가치를 전달하여 성 평등과 여성 해방에도 크게 기여하였던 것이다.

아무래도 A는 신앙의 대전제와 포괄적인 가치를 구분하기로 결정한 것 같다. 인간의 원죄와 하나님 앞에서 모든 인간이 동등하다는 등의 대전제들은 수용하되, 교회의 일상 속에서 암묵적으로 강요되는 미시적인 젠더 룰은 무시하는 방법을 택한 것이다. 누군가는 이러한 A의 태도가 모호하다고 말할 수도 있겠지만, 나는 그의 결정이 가부장적인 개신교회 중심부에 그대로 머물면서도, 믿는 페미니스트로서 자신의 정체성을 유지하기 위한 하나의 방책이었다고 생각한다. 교회의 입장과는 무관하게 자신의 신앙을 지키겠다는 굳은 의지가 보이는 행동이지만, 여전히 조금 서글프다.

E 또한 스스로 페미니스트이자 기독교인일 수 있는가에 대해 질문하며 그 해답을 적극적으로 탐색해나간 케이스이다. 대학 수업을 통해 여성신학을 접하게 되었다는 그는 앎이 깊어갈수록 교회 내 여성혐오에 대한 고민 또한 커졌다고 했다. 결국 그는 가르침을 받았던 교수를 찾아, 어떻게 하면 교회의 여성혐오적인 맥락 속에서도 신앙을 지킬 수 있는가를 물었다.

아무래도 성경이 남성 시점에서 기술된 거잖아요. 교수님은 그러니 성경을 문자 그대로 읽지 않고 현대에 맞게 재해석하는 것이 필요하다고 말씀하셨어요. 그중에서도 세월이 지나도 변하지 않는 보석 같은 가르침들이 있으니 그걸 따라가야 하는 게 아니겠냐고 하시면서요. 분명히 성경에는 여성혐오적인 측면이 많지만, 사랑 같은 아름다운 가치들도 있잖아요. 그런 가치들을 바르게 알고 잘 따라가야겠다고 생각하면서 제 신앙을 지킬 수 있었던 것 같아요.

E는 교수와의 대화를 통해 성경은 기술자와 기술 시점으로 인해 분명한 한계가 있지만, 성경의 근본 가치를 찾아 따르며 페미니스트로서 신앙을 지켜가야겠다고 다짐했다. 아마 그 또한 스스로 끊임없이 질문하며, 페미니스트이자 기독교인으로 살아가기 위한 첫걸음을 떼고 있는 것이리라.

많은 이들로 하여금 믿는 페미니스트로서의 정체성을 세워가도록 도운 여성신학은 분명한 전제들을 가지고 있다. 가장 대표적인 전제는, 일상 세계에 존재하는 가부장주의에 대한 비판이다. 가부장주의가 가정, 사회, 국가의 모든 제도와 기구 안에 다양한 방식으로 자리 잡고 있다는 것을 이해하고 그 구조를 비판적으로 사고할 때, 여성이나 남성 모두 자신의 삶에서 왜곡된 부분을 이해하게 된다는 것이다. 나아가 한 인간으로서의 삶이 성별이라는 생물학적 구분에 의해 규정되고 일정한 역할을 강요받게 되었다는 것을 비판적으로 인식하면서 그 틀을 넘어설 수 있게 된다.

이러한 전제에 따라 그동안 여성신학이 기독교 전통에 접근해온 방식을 살펴보자면, 우선 여성신학은 기독교의 전통적인 남성 중심주의, 가부장주의, 여성혐오 사상을 해체한다. 이러한 것들은 남성이 모든 존엄성과 권력을 소유하면서 여성을 열등하고 결함 있는 타자로 보는 것을 정당화한다는 점에서 문제적이기 때문이다. 여성신학은 또한 기독교 전통에 긍정적으로 접근하여 그 안에 있는 평등주의적·해방적 전통을 살리려 노력한다. 성서 신학자 엘리자베스 피오렌자(Elisabeth Fiorenza, 1938~)는 성경 속 수많은 여성들이 긍정적인 자기 정체성을 발견했으며, 현대의 많은 페미니스트들이 그들과 연대성을 갖고 있다고 강조한다. 즉 성서와 기독교 전통은 가부장주의적 구조에도 불구하고, 그것이 지닌 평등주의적 성격을 통해 여성들에게 삶의 의미를 부여하기도 한다는 것이다. 따라서 기독교 전통 안에서 상실된 여성의 역사를 재발굴하는 것이 여성신학의 매우 중요한 과제라 할 수 있다.* 교회 여성들이 여성신학, 즉 페미니스트 신학의 기초 위에서 스스로 새로운 분석자이자 발굴자로 위치하는 것은 이러한 점에서 의미가 있다.

더불어 여성신학의 눈으로 성서를 재조명할 때, 우리는 그전까지 서로 상충한다고 여겼던 페미니즘과 기독교의 공존 가능성이 새롭게 열리는 것을 발견하게 된다. I는 기존의 개신교회뿐 아니라 다양한 경로를 통해 신앙생활을 하게 되면서, 자연스럽게 여성의 눈으로 성서를 재해석하는 관점을 가지게 되었다고 이야기했다. 기독교와 페미니즘이 함께 나아갈 수 있다는 사실을 깨닫게 된 것이다.

기독교 동아리 활동을 통해 배운 하나님 나라의 모습이 저를 자유롭게 했던 것 같아요. 그전에 교회에서는 '성경에 오류가 있다' '여성의 눈으로 성경을 새롭게 해석해야 한다'고 이야기하면 대화가

---

* 강남순, 앞의 책.

콱 막혀버리더라고요. 여자 청년들도 뭔가 불편함을 느끼긴 하지만, 감히 그걸 새롭게 해석하자는 말에 동의하지는 못했어요. 왜냐면 성경에는 일점일획의 오류도 없다고 배웠으니까요. 그런데 저는 굉장히 사회참여적인 분위기의 기독교 동아리에서 활동하다 보니 좀 더 자유롭게 성경을 마주할 수 있었던 것 같아요. 기독교와 페미니즘의 결은 다르지 않으며, 그렇기에 둘을 함께 해석해야 한다는 걸 동아리 활동에서 배울 수 있었어요.

충돌하고 고민하며 자기 정체성을 찾아나가는 여성들의 여정은 현재진행 중이다. 새 지식을 담지하여 변화를 요구하는 이들이 교회의 혼란을 가중한다고 여길 수도 있지만, 실상은 정의로운 변화를 만드는 촉매제가 되고 있다.

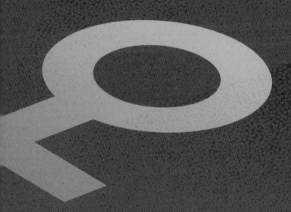

2장

이제는 안다,
그건
여성혐오라는 걸

생각하기 시작했다.

세상에 그런 요구들이 생기기 시작했으니까.

슬프게도 그것은 우리의 자각이 아니라, 용기 있는 소수의 고백에서 시작된 변화이다.

그래도 의미 있는 것은,

'과연 이 단어를 써도 되는가? 우리는 정말 이게 웃겨서 웃고 있는 걸까?'라고 생각하는 경향이 점차 옆으로 옆으로 퍼져 나가고 있다는 것이다.

어떤 이는 변화가 너무 늦고 어떤 이는 유난히 앞서간다.

정말 느린 친구가 과거 방식대로 유머를 던지면 깜짝깜짝 놀라게 된다.

그래서 되돌아보게 되었고, 창피해지기 시작했다.

그게 시작점이었던 것 같다.

　　-〈대화의 희열〉 시즌1, 1회(게스트 김숙 편), 유희열의 말 중.

지금 이 순간,
당신이 바로 특이점

'특이점singularity'이라는 말이 있다. 미국의 작가이자 과학자인 레이 커즈와일은 2005년 저서『특이점이 온다』에서 2045년이면 인공지능AI의 기술이 인간을 뛰어넘어 새로운 문명을 생산해갈 시점이 온다고 보았고, 그것을 지칭하는 말로 '특이점'이라는 용어를 사용하였다. 그 후 특이점은 변화와 새로움, 혁명의 기점을 일컫는 대중적인 단어가 되었다. JTBC 토크 프로그램 〈대화의 희열〉에 개그우먼 김숙이 게스트로 출연했을 때도, 다른 출연진들은 김숙을 한국 사회의 특이점 중 하나로 보고 일명 '숙이점'이라 지칭했다.

"선배가 십만 원짜리 한 장 주면서 담배 심부름을 시

키는 거예요. 그때가 담배 한 갑에 구백 원 할 때였거든
요? 그래서 담배 백 갑을 사 갔어요. 나눠 피우려나 보다,
했죠." 이 말부터 범상치 않다. 상대가 선배라고 해도 결코
그 권위에 눌리지 않는 '깡'이 보이지 않나. 이외에도 스스
로 '가모장적 스타일'이라고 밝히며 "남자가 조신하니 살
림 좀 해야지. 남자가 돈 벌면 돈 버는 값을 하더라고. 그럴
거면 집에서 밥이나 하고 있으라고~ 돈은 내가 벌 테니"라
고 말하는 등 그의 주옥같은 어록은 다 읊자면 입이 아플
정도다.

우리 사회 변화의 흐름 가운데 더욱 조명받기 시작한
김숙. 일상 가운데서 아무렇지도 않게 이루어지던 가부장
적 발언들을 미러링하여 내뱉는 그의 말들을 통해 사람들
은 그간 웃음을 위해 내뱉어왔던 혐오 표현들을 돌아보게
되었다. 그리고 부끄러워하기 시작했다. 남성들은 '나다
니지 말고 집에서 밥이나 하라'는 말을 들으면서도 화도
내지 못했다. 그 모든 것들이 이미 남성이 여성에 대하여
우스갯소리 삼아 아무렇지도 않게 해오던 말들이었으니.

김숙은 남성 중심 사회가 만든 여성상과 다른 여성
존재도 있다는 것을 알려주었다. 그는 방송계가 사회의 성
역할 서사에 들어맞지 않는 여성들은 불러주지 않는다는

것을 알면서도, 스스로를 그 역할에 욱여넣으려 하지 않고 자신만의 서사를 써 내려갔다. 여성들은 환호하며 통쾌해했으며, 많은 이들이 그를 통해 남성과 여성 간 위계의 일상성을 잠시나마 들여다보게 되었다.

앞서 서술한 우리 사회 변화의 흐름은 많은 여성의 의식을 깨웠고, 여기에는 교회 공동체에 속한 여성들도 포함되어 있었다. 오늘도 많은 이들이 지극히 가부장적이고 보수적인 교회의 여성관 속에서도 굴하지 않고 자신만의 서사를 써 내려가고 있다. 언젠가 이들이 교회 내에서 하나의 '특이점'으로 불리게 될 날이 올 것이다. 더불어 이들의 용기 있는 문제 제기는 반드시 교회 문화를 새롭게 돌아보는 계기가 될 것이다.

확고부동한 젠더 프레임,
그게 바로 미소지니!

여성혐오란 무엇인가? 위키백과는 여성혐오를 '여성에 대한 혐오나 멸시 또는 반여성적인 편견'으로 정의했으며, 우에노 지즈코는 유명한 저서 『여성혐오를 혐오한다』에서 사회 안에서 통용되는 여성혐오 또는 미소지니misogyny란, 단순히 여성에 대한 혐오와 비하가 아니라 여성을 일반화·대상화하는 배제와 차별 일체를 의미한다고 보았다.* 이는 실생활에서의 여성혐오가 노골적인 혐오와 폭력보다는 여성 대상화나 차별, 배제의 형태로 나타나기 때문일 것이다.

* 우에노 지즈코, 앞의 책.

호주에서 가장 권위 있는 맥쿼리 사전은 여성혐오의 정의를 개정하여 '여성에 대한 미움·반감'이라는 기존 의미에 '여성에 대한 확고한 편견들'을 더했다. 여성혐오에 대한 최근의 논의를 반영하여 그 의미를 재정의해가고 있는 것이다. 내가 만난 교회 여성들도 교회 내 여성을 향한 확고한 편견이나 여성 존재에 대한 배제와 차별을 여성혐오로 정의하고, 그 의미를 구축해갔다. 나아가 특수한 문화를 가진 교회라는 공간 속에서 혐오가 변형·강화되는 것을 해석해내기도 했다.

○ 밀착되어 있는 성 역할이 여성을 억압한다

여전히 우리 일상에서 '결혼과 출산'은 여성 생애주기의 '정상성'을 판단하는 중요한 기준으로 사용된다. ('결혼한다' 도 아니고, '시집 간다'는 말이 통용되는 것도 의문을 가져볼 만한 일이다.) 2016년 행정자치부는 전국 243개 자치단체의 출산 통계를 담은 '대한민국 출산지도'를 공개했다. 가임기 여성의 수를 지역별로 구분해 기록한 이 지도는 사회적으로 큰 파문을 일으켰다. 출산율 저하의 책임을 여성에게 전가하고 있다는 비판과 함께, "나한테 포궁 맡겨놨냐" "여성을 가축으로 보느냐" "건강한 남자 정자 수도 공개하지 그러냐"는 울분 섞인 비난이 일었다. 우리 사회가 아직도 여성을 출산의 도구로 보는 구시대적 사고방식에서 벗어나지 못하고 있음을 여과 없이 보여주는 사건이었다. 출산율 저하 극복 대책으로 내놓은 것이, '가임기 여성들이 이만큼 있으니 이만큼 아기를 낳아야 한다'고 압박하는 것이라니. 우리는 이제까지 여성에게 임신과 출산이라는 성 역할이 당연스럽게 부여되는 사회를 살아가고 있었다.

이외에도 우리 사회가 여성에게 강제하는 성 역할은 일상 구석구석에서 발견된다. 우리네 교회는 어떠한가. 사회 내 굳어져 있는 성 역할을 그대로, 아니 그 이상으로 답습하고 있는 실정이다. 내가 만난 교회 여성들은 교회 내에서 흔히 '여성적인 일'이라고 불리는 것들과, 그것을 자연스럽게 따라야 한다고 강요하는 말들을 비판적으로 바라보고 있었다.

A는 성도들 간의 일상 대화에서 이를 발견했다. 오랜 시간 신앙생활 해온 친구가 교회를 떠나게 되었는데, 그 배경에는 청년부 담당 목사와의 대화에서 느낀 불쾌감이

있었다. 평소 그 목사는 "여자들이 빨리 시집을 가야 한다" "빨리 결혼해서 애를 낳아야 한다" 등의 언사를 빈번히 일삼았는데, 왜 오늘날 여성들이 결혼과 출산을 기피하는지에 대해서는 몰이해한 채로 성 역할 선생 노릇만 계속하고 있었다. 해당 목사는 "여자들은 하이힐을 신으면 안 된다" 등의 외모 통제도 서슴지 않았는데, A는 이러한 통제와 강제가 항상 여성에 대해서만 이루어지는 데 거부감을 느꼈다. 왜 남성에게는 아무 말도 하지 않는가? A는 이러한 목사의 언행과 태도를 일종의 '프레임frame'으로 정의했다.

굉장히 강제성이 다분한 말이잖아요. "이게 답이니까 너는 여기에 맞춰야 한다"라고 말하는 게 프레임이 아니면 뭐겠어요? 그런 말을 들을 때마다 '아, 이게 언어폭력이구나' 하는 생각이 들었는데, 여자들 있는 데서만 얘기해도 싫었을 판에 남자들 다 있는 데서 그런 얘기를 하시는 거예요. 굉장히 수치스러웠어요. 또 그 말을 들은 남자들은 좋다고 그게 맞대요. 뭐 자기들은 손해 볼 게 없으니까요. 그런 모습을 보면서 단순히 내가 한 번 기분 나쁜 말 듣고 마는 게 아니라, 그렇게 여자를 억압하는 프레임이 확대·정당화되어서 또 다른 피해와 혐오로 이어질 것 같다는 생각이 들었어요. '아, 이대로는 안 되겠구나' 싶었죠.

A는 그전에도 유독 교회가 결혼을 하지 않거나 자녀를 낳지 않는 것을 문제시하는 시선을 느껴왔다. 교회는 성경 등장인물의 인생과 현대 여성들의 삶을 동일하게 맞추려고 했는데, 실로 맥락 없는 시도였다.

크리스천이라면 누구나 '기도의 어머니 한나'의 이야기를 들어보았을 것이다. 구약성경 사무엘상 1장에 등장하는 한나의 이야기는 이러하다. 아이가 없어 고통 받던 한나가 심중의 괴로움을 하나님께 토로하고 만약 아들을 주신다면 다시 하나님께 드리겠다고 서원 기도하니 하나님이 아들을 주셨다. 그리고 그 아들은 자라 구약시대 위대한 지도자 사무엘이 되었다는 것이다. 많은 개신교 목사들이 한나의 이야기를 통해 하나님이 자녀를 주시는 것은 큰 축복이며 자식이 없는 것은 고통이라고 은근히 피력한다. 꼭 자녀와 연결하지 않더라도, 한나의 기도를 '내려놓음'을 통해 하나님께 나아가는 올바른 기도의 전형으로 묘사하면서, 여성들을 콕 집어 한나와 같은 삶을 지향해야 한다고 강조기도 한다.

여기서 여성의 출산과 내려놓음의 기도에 찍혀 있는 방점이 의미하는 바가 무엇인지 탐색하는 것이 중요하다. 여성이 '임신-출산-구성원 돌봄'이라는 가정 내 사이클 안에서만 자기 정체성을 찾을 수 있도록 한정하려는 것은 아닌가? 즉 은연중에 정체성을 주입하는 대표적인 통제와 불평등 발화라는 것이다.

오늘날 한국 교회에는 '어머니 기도회' 없는 교회를 찾아보기가 힘들다. 그 종류도 다양하다. '고3 수험생을 위한 어머니 기도회' '고난주간 어머니 기도회' '수요 어머니 기도회' 등등. 이들 기도회는 대개 '가정과 자녀를 위한 눈물의 기도가 이 땅의 희망입니다' '하나님이 사용한 뛰어난 인물의 뒤에는 언제나 기도하는 어머니가 있었다'라는 표어를 가지고, 어머니들로 '가정과 자녀'에 중점을 두고 기도할 것을 요구한다. 여성을 가정이라는 틀 안에 머물도록 하려는 것이다. 신앙인의 호흡이라 할 수 있는 기도에서조차 여성의 삶과 정체성을 규정해버리려는 데 씁쓸한 마음이 들었다.

다시 여성들에게 결혼과 자녀 출산을 강조하는 설교에 대한 문제의식으로 돌아와보자. 각종 성경 구절을 활용하여 설파하는 이러한 설교들이 성도들에게는 어딘가 이상한 방향으로 각인되고 있는 것 같다. 교회 내 어느 여성이 임신과 출산을 고민하고 있을 때, 다른 성도가 '생육하고 번성하라(창 1:28)'는 성경 구절을 불쑥 내밀며 마치 출산은 하나님께서 인간에게 바라시는 바이며 의무라는 식으로 말했다는 글을 읽은 적이 있다. 실은 나 또한 비슷한 경험이 있다. 어느 교회 집사님은 결혼은 했으나 자녀가 없는 내게 회개해야 한다고 말했다. 창세기 말씀을 단순히 '결혼을 해서 아이를 많이 낳으라'는 자녀 생산과 양육에 대한 명령 정도로 해석했기 때문일 것이다. 하나님은 성경 구절을 서로가 처한 다양한 상황과 품고 있는 생각을 무시하는 근거로 삼기를 원하지는 않으셨을 것이다. 그런데도 성경 구절을 예리한 검처럼 활용하여 서로를 향해 겨누다니 실로 이상한 모양새라 아니할 수 없다.

만약 결혼과 자녀 출산이 하나님께서 주신 당위라고 한다면, 성경의 수많은 독신자와 자녀를 출산하지 않은 인물 들은 모두 하나님의 뜻을 어긴 것이 된다. 사도 바울도 예외는 아닐 것이다. 하나님이 예레미야에게 홀로 살라고 계시를 내리셨지만, 호세아에게는 결혼하여 그 삶으로 메시지가 되라 하셨다는 점도 주목하여 보아야 할 것이다.*

결국 좁고 고정된 성경 해석의 틀로는 다양한 개인의 상황과 입장을 이해할 수 없어 편협해지기 십상이다.

그런데도 이러한 치우친 생각들이 수많은 여성들이 가진 다양한 삶의 결을 무시해온 것이다. 우리는 아이를 양육하는 것이 얼마나 많은 시간과 에너지를 쏟아야 하는 일인지 알고 있다. 그래서 자녀를 낳지 않기로 선택하고 대신 자신의 시간과 물질을 이웃을 위해 봉사하는 데 쓰며 살아가는 사람들도 많다. 혈연적 가족에 국한되지 않는 사랑의 실천을 통해 우리 사회가 더 따뜻하고 살기 좋은 곳이 되고 있음을 부정할 수 있는 사람은 아무도 없으리라. 그러나 성경을 편협한 관점으로 바라보면, 한 개인이 자신을 향한 하나님의 부르심 속에 충실히 살고 있을지라도 결혼하지 않거나 자녀를 출산하지 않는다는 이유 하나로 그 삶 전체를 '잘못된 것' '신의 뜻에 역행하는 인생'으로 낙인찍게 된다.

비록 교회 내 상황에 대한 논의를 다소 벗어나는 것이긴 하지만, 여기서 한 가지 더 생각해보아야 할 지점이 있

*   백소영, 「존재론적으로는 평등하나, 기능적으로는 위계적인?」, 《당당뉴스》, 2017.08.02.

다. 여성이 고정된 젠더 프레임을 넘어서서 자신의 길을 걸어가더라도 그 삶과 성취는 결국 불안정한 것으로 취급된다는 점이다.

나는 '가장家長'의 역할을 감당하고 있는 오십 대 이상 여성들의 삶을 연구한 논문을 접한 적 있다. 그들은 모두 자신의 일터에서 고군분투하며 가정 경제를 전적으로 부양해왔지만, 일상에서 스스로를 가장이라 칭하지 않을 뿐 아니라 도리어 부끄러워하기까지 한다. 남편이 있어야 할 자리를 자신이 차지하고 있다는 생각 때문이다. 나아가 자신의 일과 성취를 '소일거리' 정도로 폄훼하기까지 한다. 가부장의 주도 아래에 있는 삶만을 정상적이고 안정적인 것으로 인식하는 이들은 자신의 주도적인 삶과 성취까지도 부정하게 되는 것이다. 나는 견고한 젠더 프레임이 이들을 얼마나 억압하고 있었는지 보게 되었다.

2020년 사람들 사이에서 뜨겁게 회자되었던 드라마 〈부부의 세계〉만 보아도 잘 알 수 있다. 주인공 지선우는 지역 병원의 부원장이라는 자리에 있지만, 결코 그의 직업과 성취, 능력만으로 평가되지 않는다. 그가 아름답고 평온하다고 인정받는 것은 '아내'와 '엄마'라는 위치, 가족이라는 정상성 안에 있기 때문이다. 고산시라는 가부장 사회의 구성원들은 정상가족이라는 트로피를 끊임없이 욕망하지만, 결국 그 모든 것이 허구라는 것을 깨닫게 된다.

지금까지 다소 일반적이고 포괄적인 이야기를 했다면, 이후로는 이러한 혐오의 양상들이 교회라는 특수 공간 안에서 더 강하게 재현되는 양상들에 집중하며 논의를 이어가고자 한다.

○ 세상에, 교회에서 일어나는 가스라이팅이라니

A의 이야기를 좀 더 들어보자. 그는 교회 내 결혼을 앞둔 여성에 대해 이야기하는 다른 여성들의 모습에서 묘하게 석연치 않은 인상을 받았다고 했다.

> 물론 결혼하는 게 부러울 수는 있죠. 하지만 그렇게 나이가 많은 것도 아니고 다 제 또래인데, "나는 이미 늦었다" "우리는 망했다" 하면서 자기를 막 깎아내리니까 옆에 있는 저까지도 민망해지는 거 있잖아요. 특히 저보다 어린 친구가 막 난리를 치는데 자연스럽게 '네가 그러면 나는 이미 퇴물인데. 어떡하지 그럼' 이런 생각이 들더라구요.

A는 하나같이 스스로를 깎아내리기 바쁜 대화 속에서 많은 교회 여성들이 결혼이라는 젠더 서사를 실현하지 못했을 때, 이를 정상에서 이탈한 것으로 해석하고 자기 멸시에까지 이른다는 것을 발견했다. 결혼은 '필수가 아닌 선택'이라며 당당하게 비혼을 선언하는 사람들이 늘어나고 있는 시대에 유독 교회 내에서 이런 현상이 심하게 나타나는 것은 '이상적인 여성상'을 강조하는 분위기와 연관되어 있을 수 있다.

> 노출 있는 옷을 입으면 신기하게 생각했어요. 교회에서 바라는 여성상은 이런 거였죠. 참하고 잘 웃는 여성. 옷도 평범하게 입고, 유행을 따르려 하지 않고, 술 담배 하지 않고, 화장은 너무 진하지 않게 하되 예쁘고 자연스러워야 하고. 그냥 모든 게 완벽해야 해요. 신앙도 아주 깊어서 남편 내지는 남자 친구를 위해서 무릎 꿇고 눈물 흘리며 기도하고, 남자 말을 잘 받아주어야 하죠. 당연히 페미니스트는 절대 안 돼요.

교회 내에는 진취적이거나 주체적인 여성들, 자기주장이 강한 여성들은 수용되기 어려운 분위기가 팽배하다.

교회에는 A가 말한 것과 같은 수동적인 여성상을 이상적이라 생각하는 인식이 다분한데, 여성이라면 (남성을 위한) '조용한 보조자'가 되어야 한다는 강한 젠더 규범에서 그 원인을 찾을 수 있을 것 같다. 결국 교회 내에서 '대표자' '공식적인 발언권자' '결정 권한자' 등의 역할은 남성 젠더가 독점하고, 여성에게는 '남성의 보조자' '교회에서 잠잠해야 하는 자' '양육하고 돌보는 사람'의 정체성만 남게 된다.

안타까운 것은 그 속에서 '하나님 앞에서의 단독자'로서 개인의 모습은 상당 부분 삭제되어버린다는 것이다. 하나님은 인간을 성별로 분리하여 각기 다른 재능과 은사를 주신 것이 아니다. 인간을 자녀로서 사랑하시는 하나님이라면 모든 이가 고유한 역량을 충분히 발휘하고 그 속에서 기쁨을 누리며 살기를 원하시지 않을까? 그런데 교회가 남성과 여성을 구분하여 임의로 각기 다른 역할을 설정하고서는 그에 맞는 삶의 방식을 따르라고 강요하고 있는 것이다. 이는 각 개인이 저마다 받은 소명에 따라 사는 삶을 방해하는 장벽임이 분명하며, 하나님을 깊이 고뇌하시게 하는 일인지도 모른다.

여성에게 요구되는 교회 내 젠더 규범 중 '돌보는 사람'으로서의 역할에 대해 살펴보자. B는 여성들이 교회 내 행사 등에 남성보다 많은 시간과 노동을 투입하면서도 동등한 지위를 갖지 못하고 있다는 것을 문제로 지적했다. 교회 내에 여성의 희생을 당연시하는 분위기가 형성되어 있다는 것이다. 남성들은 돌봄 노동에 참여하지 않으면서도 교회 요직을 차지하고 결정 권한을 갖는 경우가 많다. B는 여성들을 소모품 취급하는 이러한 행위는 결국 교회의 가르침과 존재 목적과도 상반되는 것이라 보았다.

> 가장 기본적으로 교회 내에서 남자와 여자가 동등한 지위를 갖지 못해요. 여자는 항상 부차적인 존재로 소비되죠. 섬김은 여자의 일, 대표는 남자의 일. 이것 자체가 여성 차별이자 여성혐오잖아요. 교회는 말로는 우리 사회의 약자들을 위해 기도합시다, 하면서 정작 내부의 여성들은 돌아보지 않죠. 그들의 희생을 너무나 당연하게 여기잖아요. 여자들이 시간 들여서 음식을 준비하는 것이 당연하고, 불편한 옷을 입고 자리를 안내하는 것이 당연하고. 남자들은 그런 걸 전혀 안 하는 데도 아무도 문제 제기하지 않더라고요.

교회가 여성에게 요구하는 젠더 역할은 의복에 대한 규범에서도 드러난다. 많은 개신교회에 '헌신예배'라는 이름의 봉사 부서별 예배와 기독교 절기에 따른 특별 예배가 존재한다. 그리고 이때 장년부 여성들은 한복을 입고 예배드리러 오는 성도들에게 인사하며 안내를 서는 경우가 많다. 반면 남성들은 양복을 입는다. 왜 교회는 행사 때마다 여자 성도들에게만 굳이 일상에서 잘 입지도 않는 한복을 입게 하는 걸까?

남성은 양복을 입고(이때 양복은 진취성과 근대성을 상징한다), 여성은 전통 의복인 한복을 입는 현상은 여성을 '전통의 보존자'로 여기기 때문이라고 분석하는 시각이 있다.* 여기서 전통의 보존이란 곧 가부장적 전통과 성 역할을 고수하는 것과 연결된다. 교회의 중요 행사 때마다 어김없이 등장하는 한복이 우리에게 전하는 메시지는 무엇인가. "전통적인 여성상을 따라야 해!"라는 강제는 아닐까. 교회의 일상 속에서 대수롭지 않게 보아 넘겼던 한복이 교회 내 여성혐오를 상징하는 하나의 단면이라면, 우리는 교회 문화를 세세하게 재점검할 필요성을 느끼지 않을 수 없다.

---

* 김진호·강남순·박노자·한홍구·김응교, 『권력과 교회』, 창비, 2018.

○ '틀린' 게 아니라 '다른' 것뿐인데,
　차이가 열등이 되는 혐오 구조

2011년 즈음 어느 여성학 연구 모임에 처음 나갔을 때의 일이다. 당시 모임의 리더는 우리에게 각자 삶에서 당연하게 여기는 지점 혹은 지식에 대해 다시 생각해보자고 제안했다. 그러면서 흔히 알려진 의학 지식에 대한 반박으로 이야기를 시작했다.

"여러분, 사실 의학 연구는 체중 칠십 킬로그램 이상의 성인 남성을 기준으로 시작되었다는 것을 알고 계시나요?"

의학은 인체의 구조와 기능을 조사하고 질병, 상해의 치료나 예방에 관한 방법과 기술을 연구하는 학문이다. 성인 남성뿐 아니라 모든 인간이 의학의 적용 대상이 되어야 한다. 그런데도 이 중대한 연구의 기준이 체중 칠십 킬로그램 이상의 성인 남성으로 한정되어 있었다는 것은 좀 입맛이 쓰다. 세상에 태어나 생로병사를 겪지 않는 인간은 없기에, 인간의 몸을 탐구하고 병을 다루는 의학은 단연 가장 가치 중립적인 영역이리라 생각해왔다. 하지만 실상은 성인 남성이 모든 인간을 대표하고 있었다는 것이 아닌가.

그런데 사실 왜 진작 몰랐을까 싶다. 병원에서 스치는 의학 관련 사진이나 그림만 살펴보아도 대부분 남성의 몸을 기준으로 하고 있는데. 여성의 몸은 임신과 출산 등 남성에게 해당하지 않는 예외적인 영역에서만 부분적으로 다루어진다. 의학에서는 남성과 여성의 몸은 임신, 출산 등의 일부 생리적 기능을 제외하고는 대체로 동일하다고 가정한다. 소화 기능 장애, 혈액순환 장애, 간장 질환 등은 남녀 공통의 문제 아닌가. 그렇게 따지면 남성과 여성의 몸을 특별히 따로 다룰 필요가 없다는 주장도 일리가 있는 것 같다. 하지만 의사들이 남성과 여성을 동일하게 진찰한다면 여성들의 질병이 잘 드러나지 않거나 잘못된 처방을 내리게 될 수도 있다.[*] 백 번 양보해서 남성과 여성의 신체 둘 중 하나만을 기준으로 삼아서 연구했어야 한다고 해도 왜 그게 남자여야 했을까? 여성을 기준으로 의학을 연구할 수는 없었을까?

---

[*] 이박혜경·이재경·민가영·조영미·박홍주·이은아, 『여성학』, 미래인, 2007, 121쪽.

우리가 인지하지 못했을 뿐, 우리가 중립적이라 여겨 왔던 여러 공간과 상황에 사실 지배 문화의 가치가 개입하고 있었다는 사실은 상당히 배신감 느끼게 한다. 그리고 이때 주어진 기준에 맞춰 가야 하는 타자들은 자연스럽게 억압과 차별, 배제의 대상이 되거나, 현실적인 어려움을 경험하게 된다.

교회 내에서도 이런 상황들은 비일비재하다. 교회 찬양팀에서 봉사해왔다는 H는 여자로서 찬양팀 싱어를 하는 것은 매우 힘든 일이라고 토로했다. 찬양의 음조가 대부분 남성의 음역대에 맞게 설정되어 있기 때문에, 여성 싱어들은 늘 고음을 내질러야 하는 어려움을 겪는다는 것이다. H는 찬양 사역 이후에는 늘 목소리가 쉬었다고 털어놓으면서, 이를 '교묘한 혐오'라 표현했다.

> 애초에 음역대가 다르잖아요. 우리는 계속 높은 음을 내는 것이 힘든데, 남자들은 전혀 불편함이 없는 거죠. 어떤 목사님은 찬양이 남자가 부르기에 좀 낮다 싶으면, 마음대로 키를 올려버려요. 그러면 여자들은 성대가 찢어지는 것 같거든요. 너무 배려 없는

행동 아닌가요?

여자들은 교회 찬양 진성으로 못 불러요. 가성 아니면 반가성…… 근데 가성을 내면 "자매들 목소리 너무 작다. 더 크게 해라" 타박을 해요. 그래서 화가 나서 "아!!!" 하면 또 너무 호소하는 것 같다, 절규하는 것 같다고 하시는데…… 저 보고 뭘 어떻게 하라는 걸까요.

그래서 요새는 저도 "이 찬양 여자들이 부르기에는 너무 높아요"라고 이야기하기 시작했어요. 그래도 여전히 이해해주시지 않는 분들도 계세요. 그러면 은혜가 안 된다나…… 그래도 계속 우리의 불편을 공론화해야 한다고 생각해요. 교회에서 너무 쉽게 넘어가지만 엄연히 혐오인 것들을 집어내야 된다고 생각하거든요.

최근에는 여성 찬양 사역자들이 비교적 많이 나타나고 있지만, 여전히 한국 교회에는 남성 찬양 사역자가 압도적으로 많다. 아직까지도 한국 교회 내에 '여성의 목소리는 은혜가 안 된다'는 인식이 남아 있는 까닭으로 추정되는데, H는 그것은 지금까지 강단에서 표출된 목소리가 남성의 목소리뿐이었기 때문이라고 지적한다. 특별히 남성의 목소리가 여성의 목소리보다 더 낫다거나, 여성의 목소리가 정말 '은혜가 안 되는' 것이 아니라, 상대적으로 더 익숙하다는 점에서 안정감을 느낄 뿐이라는 것이다. H는 자신이 속한 '믿는페미'의 페이스북 페이지에 이러한 비합리적인 인식이 교회 내 여성 배제를 강화하고 있다며 개탄하는 글을 올렸다. 당시 이 글을 읽은 한 남성 목사는 "내가 수십 년 동안 특권을 누려온 것을 깨닫고 충격을 받았다"고 말하기도 했다.

I는 해외 선교사가 되기를 희망하여 관련 경험을 쌓기 위해 일 년간 해외 선교지에 머물렀다고 한다. 그는 그곳에서 선교 사역에서조차 여성이 자연스럽게 배제되는 것을 목격했다.

선교지에 가 보니 혼자 오시는 여성 선교사님들은 거의 없었어요. 왜냐고 물어봤더니, 원래 미혼 여성들은 모든 훈련을 다 받아도 파송 순위가 밀리거나 지연되기 일쑤래요. 당시 제가 갔던 지역이 이슬람 지역이었거든요? 우리가 흔히 이슬람교는 여성혐오적인 종교라고 말하잖아요. 그런데 사역지에 와서 보니 기독교나 이슬람교나 여성 차별하기는 별다를 바가 없더라구요. 스스로 허탈해하고 고민하다가, '이건 한국 기독교의 문제다. 여자인 나는 이곳

에서 절대 주체적인 사역자로 설 수 없겠구나' 생각하고 한국으로

돌아왔어요.

I는 현지에는 여성 사역자를 지칭하는 용어조차 없는
실정이라고 했다. 또 부부가 선교사로서 동일한 훈련을 받
고 파송된다 할지라도 여성 사역자는 '사모님'으로 불리
며 현지어를 공부하거나 아이를 양육하는 위치 정도에 머
무르게 된다고.

사역자는 반드시 남성이어야 한다 여기고 남성 사역
자만 인정하려 드는 태도는 많은 여성을 낙담케 한다. 남
성, 혹은 여성이라는 사실이 다른 성별에 비해 우월하거
나 열등하다는 의미가 될 수 없음에도 그 안에 분명한 위
계를 두고 주도권을 독점하고 있는 것이다. 이렇게 편협한
사고의 결과 한국 교회는 오지에 나가 자신의 젊음을 투
신하기로 결단했던 좋은 사역자를 잃었다.

남성을 기준으로 둠으로써 일어나는 여성혐오는 비
단 사역에만 국한되는 문제가 아니다. 이러한 종류의 혐
오는 교회 내 일상 속에서 아주 다양한 결로 나타난다. 그

중 사유해볼 만한 것 중 하나가 바로 교만의 문제다. 기독교의 교만은 하나님과 관련된 의미로 사용되고 있다. 하나님을 높여드리지 않고 스스로 잘난 체하며, 겸손하거나 온유함 없이 건방지고 방자함을 이르는 말이다. 많은 설교자가 성도들에게 교만을 경계하라고 자주 강조한다. 교만을 '하나님의 은혜와 도움을 부인하는 최고의 범죄 행위'로 간주하기 때문이다. 그러나 여성 크리스천들이 처한 현실을 보다 세밀히 들여다보면, 교만에 대한 이러한 정의 역시 남성 젠더를 기준으로 만들어졌다는 것을 알게 된다.

개신교 목사 라인홀드 니버(Reinhold Niebuhr, 1892~1971)가 교만을 인간의 죄로 규정하며 회개를 촉구했을 때, 여성신학자 주디스 플라스코(Judith Plaskow, 1947~)는 죄에 대한 니버의 정의는 지극히 남성 중심적이라고 지적했다. 여성에게는 교만이 아니라 오히려 지나치게 자기를 낮추는 것이 죄라는 것이다. 많은 여성이 평생 더 내려갈 곳이 없을 정도로 자신을 낮추며 살다가, 결국 스스로를 사랑하지 못하고 비천한 존재로 여기게 된다고.[*]

실제로 수많은 교회 여성들은 겸손을 넘어 자기 비하

* 평화교회연구소, 『이 여인을 보라』, 평화교회연구소, 2019, 10쪽.

에 이를 정도로 지나치게 자신을 낮춘다. 교회 내 관계 등에서 문제가 생기면 그 모든 문제의 원인 제공자로 스스로를 지목한다. '내가 부족해서' '내가 채워주지 못해서' '내가 온유하지 못해서' '내가 안정감을 주지 못해서' 등. 이러한 태도는 '여성다움'을 강제하는 교회 문화와 연결되어 있다. 교회가 말하는 여성다움 안에는 인내와 부드러운 마음을 가지고 다른 이의 상황에 공감하면서, 타자를 돌보고 안정감을 주어야 한다는 강한 역할 기대가 담겨 있다. 그리고 이러한 기대에 부합하지 않는 여성들은 끊임없는 내적 좌절을 경험하게 된다.

하지만 스스로를 비하하는 것은 어쩌면 자신을 창조한 하나님을 깎아내리는 일이 될 수도 있다. "하나님이 저를 이렇게밖에 못 만드셨어요"라고 말하는 셈이니까. 그렇다면 그것 또한 하나님의 은혜와 도움을 부인하는 교만이 아닐까.

죄에 대한 규정조차 남성을 기준으로 이루어져왔다는 것은 분통 터지는 일이다. 그런데도 오늘날의 교회는 여성들이 조금만 입을 떼려고 해도 '교만하지 말라'는 말로 압박하고 있으니 더욱 안타깝다. 날카로운 창처럼 여성들을 향하는 교만이라는 죄의 개념이 애초에 남성 위주로 형성되었다는 사실을 안다면, 우리는 조금 더 자유로워질 수 있지 않을까.

이제 교회 안에서 '자연스러운 기준'으로 여겨졌던 것들을 하나하나 분해해볼 때가 되었다. 그 기준들 앞에서 차별당하고 억눌려온 교회 여성들의 목소리를 해방하기 위하여.

죄를 뒤집어쓴
성경 속 여성 이미지

구약성경 모세오경에 속하는 레위기는 이스라엘 사람들의 예배, 종교의식과 더불어서 일상 속에서 지켜야 하는 율법을 규정하고 있는 책이다. 따라서 필연적으로 당위성이 짙게 느껴질 수밖에 없는 레위기의 말씀은 '지느러미와 비늘이 없는 생선은 먹지 말라'고 명령하고 있다.

물에 있는 모든 것 중에서 너희가 먹을 만한 것은 이것이니 강과 바다와 다른 물에 있는 모든 것 중에서 지느러미와 비늘 있는 것은 너희가 먹되 물에서 움직이는 모든 것과 물에서 사는 모든 것 곧 강과 바다에 있는 것으로서 지느러미와 비늘 없는 모든 것은 너희에게 가증한 것이라. 이들은 너희에게 가증한 것이니 너희는 그 고기를 먹지 말고 그 주검을 가증히 여기라. 수중 생물에 지느러미와 비늘 없는 것은 너희가 혐오할 것이니라. (레위기 11:9~12)

당시 레위기에서 어패류 섭취를 금지하였던 것은 쉽게 부패하여 강한 독소를 내뿜는 까닭에, 이를 무분별하게 먹을 시 히브리 공동체 전체가 위험에 빠질 수 있기 때문이었을 것이다. 다행히 유통 및 보존 기술이 발전한 오늘날에는 어패류 먹는 것을 금하지 않아도 된다. 그렇지만 만약 이 구절을 오늘날에도 문자 그대로 적용해야 한다면 어떤 일이 벌어질까? 아마도 우리는 새우나 조개 등 우리가 일상생활에서 즐겨 먹는 어패류의 대부분을 포기해야 할 것이다.

이처럼 성경에는 당대의 환경과 문화를 고려하여 쓰였기 때문에 오늘날에는 적용되지 않거나 재해석해야 하는 구절들이 많이 있다. 지금 우리가 아무렇지 않게 새우를 먹는 것도 성경이 쓰일 당시의 시대상과 오늘날의 차이를 인지하고 있기 때문일 것이다.

그런데 유독 남성과 여성에 관해 이야기하는 성경 구

절을 읽을 때는 예외가 적용된다. 오늘날 수많은 성도들이 여자는 남자에게 순종하라는 성경 구절에 대하여 "암, 문장 그대로 하나님의 말씀이니 당연히 그리 알고 따라야지!"라고 반응하는 강한 보수성을 보여준다. 그러나 성서 시대가 어떤 시대였는가? 여성이 남성의 소유물과 재산으로 취급되었던 극심한 가부장 사회가 아니었는가.

실제로 성경에는 여성에 대한 서사가 거의 등장하지 않으며, 간혹 가다 나온다 해도 부차적인 소재로 활용되거나, 여성을 죄의 상징으로 부정적으로 묘사하는 경우가 허다하다. 꽤 많이 다루어지는 설교 주제 중 하나인 '롯의 아내' 이야기를 떠올려보자. 타락한 도시 소돔과 고모라에 하나님의 심판이 내려 유황과 불이 퍼부어질 때 롯과 그의 가족만큼은 구원을 받게 되었다. 천사들은 그들에게 빠르게 달아나되 절대 뒤돌아보아서는 안 된다고 일러주었다. 그래서 정말 다른 가족들은 모두 한 번도 뒤돌아보지 않았는데, 유독 롯의 아내만 말씀을 어기고 뒤를 돌아보았고, 그 결과 소금 기둥이 되고 말았다.

롯의 아내에 대한 언급은 이것뿐이다. 성경은 그의 평소 성품이 어떠했는지, 주목할 만한 특징은 무엇이었는지 언급하지 않는다. 그가 소돔에 있는 동안 그곳 사람들처럼 타락하여 죄를 지었는지 어쨌는지에 대한 언급도 없다. 그럼에도 그는 이 한 대목으로 인해 교회 역사 속에서 '하나님의 명령을 거역해 벌을 받은 여성' '두고 온 집과 재물에 미련을 버리지 못한 허영심 많은 여성'이라 손가락질당하며 반면교사로 여겨져왔다.*

하지만, 잘잘못을 떠나서 미련이 남을 수도 있는 것 아닌가? 어쩌면 롯은 가사에 무관심한 남편이었을지도 모른다. 그래서 그 아내가 떡을 굽고 가축을 돌보며, 아이들을 기르고 이웃과 교제하는 등 삶의 터전을 일구는 데 더 힘썼던 것일 수도 있다. 그렇다면 당연히 롯보다는 그 아내가 더 미련이 남을 수밖에 없다. 이러한 서술을 두고 다소 억지스럽다고, 성경을 있는 그대로 해석해야지 되는 대로 끼워 맞춰서는 안 된다고 말할 수도 있겠지만, 내가 하고 싶은 말은 꼭 롯의 아내에 대해서가 아니더라도 이처럼 성경 말씀 뒤에 있는 수많은 맥락들을 생각해보면 얼마든지 인물을 다르게 바라볼 수 있는 길이 열린다는 것이다.

실제로 교회가 남성 인물의 서사에 접근하는 방법은 여성에 대한 것과는 사뭇 다르다. 남성 인물은 성경에 주

---

* 평화교회연구소, 앞의 책, 14쪽.

어진 단어 하나, 얼마 되지 않는 실마리 하나로도 어떻게든 미덕을 찾아내려 유추하는 경향이 있다. 심지어 시험에 넘어가 쓰러지더라도 '의미 있는 고난' '하나님의 뜻'으로 해석한다. 그러면서 여성 인물에 대한 서사는 문자 그대로 받아들여 엄격하게 평가하는 교회의 태도가 잘 이해되지 않는다.

물론 "그럼에도 불구하고 롯의 아내가 하나님 말씀을 어긴 것은 잘못이다"라고 말할 수 있다. 하지만 나는 그 자체로 사랑이신 하나님이 죽은 이에 대해 "죽을 만한 짓을 했으니까 죽은 거야" "죽어 마땅한 일이지"라고 매정하게 말하는 것까지 기뻐하시리라고는 생각하지 않는다.

입이 아플 지경이라 해도, 성경은 남성들의 삶과 역사를 중심으로 기록되었고, 당대 여성들의 삶과 역사는 거의 드러나지 않거나 가려져 있다는 것을 강조하는 데는 지나침이 없다. 그 속에는 여성을 동등한 인격체로 존중하지 않았던 시대의 성별 위계가 자연스럽게 반영되어 있다는 사실에 대해서는 더더욱. 그러나 많은 설교자들이 이러한 배경을 간과한 채 여성혐오와 성차별적 내용까지 그대로 하나님의 말씀으로 선포해버리고 있다. 이천 년 전 작성된 성경의 표현 때문에 오늘날의 여성들은 매 설교 시간마다 조리돌림당하는 치욕을 겪고 있다.

전연희는 한국 개신교회 설교자들이 여성을 어떠한 방식으로 그려내고 있는지 분석했다. 그리고 설교자들이 설교를 재구성할 때 자신을 둘러싸고 있는 남성 중심적 담론 구성체discourse formation*에 따라 성경 텍스트를 취사선택하고 있다고 밝혔다. 이천 년 전에 작성된 성경은 물론, 현대 남성 설교자의 사고방식 안에서도 여성이 다른 방식으로 고려될 여지는 찾아볼 수 없다. 그 결과 여성을 이분법적으로 분류하여, 가부장제에 순응하는 여성들은 이상적이고 합리적인 여성, 반기를 드는 여성들은 '일탈자'로 여기는 설교가 탄생한다.**

설교는 교회 예배에서 가장 많은 시간을 차지하고, 실제로 교회 내에서 가장 중요하다고 여겨지지 않는가. 한

---

* 담론구성체란 일종의 지식의 존재 양식을 말하는데, 이는 드러나는 언술의 수준에서가 아니라 언술을 조직하는 규칙(질서를 부여하는 법칙, 변화의 법칙 등)의 차원에서 지식을 설명하고자 사용하는 개념이다. (박영진, 1989: 전연희, 1990 재인용)

** 전연희, 「개신교 설교에 대한 여성학적 분석」, 이화여대 여성학과 석사 학위 논문, 1990.

국의 예배는 목회자가 성경 텍스트를 우리 상황에 맞게 풀어서 해석해주는 설교가 중심이라고 볼 수 있다. 그러한 점에서 권위의 정점에 있다고 할 수 있는 담임 목사가 여성혐오적인 메시지를 전할 때, 그것은 하나님의 말씀이라는 권위에 기대어 자연스럽게 교회 내 공식 담론이 되고 성도들에게 엄청난 파급력을 미치게 된다.

내가 만난 교회 여성들은 설교 메시지에서 '정말 하나님 말씀이 맞는지 의심스러운' 성차별적 예시와 부정적 여성상을 빈번하게 발견했다. 이들은 이것을 여성혐오로 정의하고, 그 내용이 담고 있는 문제점을 결코 좌시하지 않았다.

성도들에게 설교 주제를 효과적으로 각인하기 위해 성별로 나누어 비유하는 방법을 종종 사용한다는 목사가 있었다. 거기까지는 그럴 수 있다 하더라도, 문제는 늘상 여성의 이미지는 부정적으로, 남성은 긍정과 승리의 이미지로 다룬다는 것이었다. 황당하고 기막힌 일이었다.

잘 돌이켜본다면, 우리 모두 한 번쯤은 이와 비슷한 유형의 비유를 들어본 적이 있을지도 모른다. 예수님의 발자취를 따라가며 나누고 베푸는 삶의 중요성을 강조하다가, 불현듯 여성들을 사치스럽고 낭비벽이 심한 사람들로 몰아간다든지, 남성은 묵묵히 하나님을 따르는 존재로, 여성은 말이 많고 시끄러운, 불순종하는 존재로 그려낸다든지 하는 것 말이다. 그리고 많은 성도들은(심지어 여성들조차도) 이러한 비유를 듣고 함께 웃으며 즐긴다. '유희'로 소비하는 그 예시들 안에 여성 존재에 대한 낯 뜨거운 혐오가 숨어 있다는 것도 모르고 말이다.

우리는 성별·인종·민족·문화 등을 이야기할 때, 차별주의에 대해 보다 세심하고 민감할 것을 요구받는 시대 속에 있다. 그 시대의 한복판에서 우리가 흔히 말해 나쁜 사례, 즉 '기본도 안 된' 것들의 전형을 이야기해야 한다면 내가 만난 여성들의 사례가 딱 알맞지 않을까라고 생각하게 된다.

E 또한 비슷한 경험이 있었다. 설교 시작 전, 앞에 선 목사가 어색한 분위기를 환기하기 위해 이런 이야기를 꺼낸 것. "요즘 여성분들 명품 백 좋아하시죠? 그래서 남자들이 좋은 명품 백을 선물해주면, 종이학을 천 마리 접어주시잖아요." 명품 백을 구경이라도 해보고 그런 얘기를 들으면 억울하지나 않으련만. 단순히 설교 분위기를 유연

하게 하기 위해서 여성을 '남성을 희생시키는 허영심과 사치심 많은 이미지'로 몰아가는 목사의 말은 견디기 힘든 모욕이었다.

비슷한 양상의 설교는 이날 이후로도 계속되었는데, 하루는 현대사회의 발달 수준을 언급하던 목사가 또다시 '망언'을 늘어놓았다고 한다.

목사님 설교 듣기 싫어서 교회를 안 나가다가 오랜만에 한 번 가보자, 하고 나갔는데 이러시는 거예요. "요즘 여자들? 살기 좋아졌어요. 여성 상위 시대 아닙니까. 우리 어머니는 얼음장을 깨 가지고 빨래를 하셨는데, 요즘 여자들은 빨래도 세탁기가 다 해줘, 건조까지 알아서 다 되는 세상이잖아요!" 그 말을 듣는데 제가 여기를 박차고 나가야 하나, 했던 것 같아요. 그냥 시대가 좋아졌다고 하면 되지, 저런 얘기는 왜 하는지 모르겠다니까요. 얼음장을 깨고 빨래해서 옷 입혀주신 어머니의 감사함을 안다면 저따위 소리를 못 했을 텐데……. 꼭 안 해본 사람들이 가사노동 별거 아닌 것처럼 얘기하죠. 목사님도 꼭 말 타고 출퇴근하셨으면 좋겠어요.

빨래가 당연히 여자의 일인 것처럼 말한 것은 차치하고서라도, 여성이 기술 진보의 혜택을 누려 좀 편안하게 살아보겠다는데 왜 그리 눈꼴시어하는지 모르겠다. 명품 백 사줘본 적도 없는 사람들이 왜 그렇게 억울해하는지는 더더욱. 어쩌면 이들에게는 어떤 '피해의식'이 내재해 있는 게 아닐까? 목사가 생각하는 '여자들이 살기 좋아진 시대' 안에는 희생당하는 남성의 이미지가 전제되어 있다고 볼 수 있는데, E는 칼럼을 싣는 주보의 '생각해보기' 코너에서도 목사는 "오히려 남성이 차별받는 시대" "남성들이 살기 참 힘든 세상입니다"라는 노골적인 표현을 사용하여 남성이 희생자인 것처럼 표현했다고 지적했다.

일베 이용자들의 전략적 여성혐오에 관하여 분석한 엄진에 따르면, 일베 이용자들은 현재 사회구조가 남성에게 '부당하다'고 인식하고 있다. 이들은 여성들을, 스스로 약자라고 주장하며 보호와 배려를 요구하면서도 때로는 자유권을 내세워 권리를 주장하는 '이중적이고 남자 등쳐먹는 존재'로 여긴다. 모든 경제적 비용을 부담하고 여성에게 이용당하면서도, 남성이라는 이유로 이러한 사실을 문제 삼지도 못하는 남성이야말로 진정한 '약자'이자 '희생자'라는 것이다.[*]

이들은 사회·경제 구조 속에서 대부분의 여성들이 여전히 많은 차별을 겪고 있고, 임금노동과 돌봄 노동의 이중고 안에 있으며, 수많은 일상적 폭력에 노출되어 있다는 점을 거의 이해하지 못한다. OECD 남녀 임금 격차만 봐도 항상 1등, 평균적으로 남성이 백만 원을 받으면 여성은 육십만 원을 받는 현실은 더 말해 무엇 하랴. 이들은 현재 누리고 있는 권력이 거의 피부처럼 익숙하게 몸에 배어 있어, 자신들이 사회 권력 전반을 독점하고 있다는 것을 깨닫지 못한다. 물론 그렇다 해도 남성 집단 내부에는 패배자도 존재하기 마련. 패배한 이들의 분노는 차마 강자를 향하지 못하고 반사적으로 여성을 향한다. E 교회 목사의 설교 또한 일베 이용자들의 논리와 맞닿아 있다고 볼 수 있다.

수많은 여성들이 부정과 탐욕, 잠재적 유혹자의 상징으로 희생되어왔다. 유혹자이자 창세 비극의 주범으로 낙인찍힌 하와, 불순종의 대표적인 예로 소비되는 롯의 아

＊　엄진, 「전략적 여성혐오와 그 모순: 인터넷 커뮤니티 '일간베스트저장소' 게시물 분석을 중심으로」, 이화여대 여성학과 석사학위 논문, 2015.

내, 남편을 저주한 악처의 전형 욥의 아내, 하나님의 약속을 믿지 않았던 불신의 전형 사라, 남편을 두고 다윗 왕과 부정을 저지른 밧세바, 왕의 말에 따르지 않았다가 폐위당한 왕후 와스디 등. 남성 목사들은 이들을 주요한 부정과 죄의 상징으로 설파하고, 성도들은 이를 어떠한 의심이나 반론도 없이 그대로 받아들인다. '하나님의 종' 목회자의 위엄과 '하나님의 말씀'이라는 설교의 권위 때문이다.

수많은 설교가 남성의 서사만을 '값진 하나님의 섭리에 대한 경험'으로 여겨 중점적으로 다루고 있다. 여기에 때때로 부정과 죄의 상징으로 동원되는 (여성의 이야기 아닌) 여성의 이야기는 남성의 서사를 보좌하며 혐오에 튼튼한 골격을 더한다. 왜 이런 일들이 일어날까. 구체적인 이야기는 3장에서 다루겠지만, 무엇보다 교회가 여성들의 다층적인 경험과 목소리를 반영하여 사고하는 것에 총체적으로 실패했기 때문이다. 그리고 주된 목소리를 담는 공간이자, 교회 문화의 근간을 만들어가는 설교. 그 설교가 여성 이미지를 부정적으로 소비하면서 그 자체로 여성혐오이자, 혐오 문화를 확산하는 일종의 모멘텀momentum이 되고 있다.

교회의 안정을 위해
이용당하는 여성들

S 교회는 전 담임 목사가 여성 성도들을 대상으로 성범죄를 저지른 사건으로 인해 성도들이 상처를 안고 있는 교회다. 가해 목사는 S 교회를 떠나 2012년 마포구 서교동에 새로운 교회를 개척했으며, S 교회에는 지금의 담임 목사가 부임하였다. 당시는 A가 S 교회에 정착한 지 얼마 되지 않았을 때였다. 어느 예배 시간, 그는 당시 성범죄 사건 피해자들의 목소리를 담은 영상을 보게 되었다.

A는 그때의 경험을 굉장히 불쾌한 것으로 기억했다. 예배 시간에 성도들에게 영상을 보여준 목사의 행위에서 이전 담임 목사가 잘못을 저질렀으니 그를 문책한 것은 정당했다, 이제 자격 없는 자가 떠났으니 교회를 안정화하

자며 성도들을 포섭하려는 취지가 노골적으로 드러났기 때문이다. 심지어 목사가 보여준 영상 중에는 고발을 목적으로 이루어진 녹음도 포함되어 있었기 때문에, A는 목사가 이들의 증언을 남용하고 있다는 생각도 들었다고 했다.

> 만약 제가 그 영상의 당사자였다면, 저는 부끄러웠을 것 같아요. 내 아픔을 이해하고 위로해주려는 의도라고 해도 많은 사람 앞에서 내 이야기가 공개되는 상황이 힘들었을 텐데, 그런 것도 아니었잖아요. 물론 저는 새신자였으니까 제가 미처 모르는 상황들이 있었을 수도 있어요. 하지만 그렇다고 해도 그때 그 행동은 정말…… 최악이었어요.

A는 당시 대다수 성도들이 피해 여성들의 상처에 대해서는 집중하지 않는 듯한 인상을 받았다고 했다. 그들은 사건을 '그때 그 스캔들' 정도로 기억하고 있었으며, 불안정한 분위기 속에서 성도들이 이탈하는 것을 막고 빨리 안정을 찾는 데 혈안이 되어 있는 듯했다고. 당시는 아직 피해 사례에 대한 교회 차원의 진실 규명이 이루어지지 않은 상황이었고, 가해 목사는 그때까지 그 어떤 공식적인 사과도 하지 않았다. 그런 상황에서 피해 여성들의 고통은 교

회의 안정화를 위한 도구로 이용당하고 있었다. A는 이 또한 숨겨진 여성혐오의 하나라고 정의했다.

누군가의 고통을 이용하여 잇속을 챙긴다는 것은 얼마나 잔인하고 무서운 일인가. 교회에서 소위 말하는 성폭력의 2차 가해가 일어난 것이다. 피해자의 회복과는 관계없는 목적을 위해, 다시 사건을 떠벌리고 공론화하는 행위. 만약 동일한 사건이 다른 사회집단에서 발생했다면 질타의 중심에 서게 되었을 것이다. 그러나 당시 A의 교회에서는 그 누구도 이 문제로 들고 일어나거나 문제 삼지 않았다.

교회 남성 권력은 언제든지 보편성을 넘어설 수 있으며 폭력까지도 합리화할 수 있는 막강한 힘이라는 것을 깨닫게 된다. 그리고 여성들은 언제든지 이용 가능한 자원이 될 수 있는 쓸쓸한 현실이 우리 곁에 있다.

E는 교회가 필요에 따라 여성을 활용하지만, 그들에게 그 어떤 권리도 부여하고 싶어 하지 않는다고 생각했다. 교회 내 여전도회 해체 과정을 지켜보는 가운데 그런 생각은 더욱 확고해졌다. 여전도회는 교회 내에서 전도와 봉사, 구제를 목적으로 조직되는 여성 성도들의 모임이다. E는 그런 여전도회를 교회 내 모든 일에 참여하면서 발언권을

가지고 전도와 친목 활동을 이어가는 '큰 일손'이었다고 기억했다. 교회마다 다를 수는 있으나, 적어도 그가 출석하는 교회에서 여전도회는 영향력 있는 조직이었다. 봉사 영역에서 한 축을 담당하기도 했지만, 의견 개진과 참여도 활발히 하였다. 그런 여전도회가 어느 날 갑자기 해체되었다. E는 이를 당시 갓 부임한 담임 목사의 견제 때문으로 해석했다.

아무래도 목사님이 여성들을 좀 무서워하시는 것 같았어요. 들어 보니 여전도회가 뭉쳐서 뭔가 하는 걸 굉장히 마음에 안 들어 하셨다는 거예요. 여성의 힘이 너무 세다고 생각하셨나 봐요. 솔직히 좀 의외였어요. 나이도 사십 대 정도로 담임 목사 치고 젊은 편이라 좀 더 깨어 계실 줄 알았는데…….

채승희는 한국 기독교의 역사 속에서 교회 발전의 원동력이 된 여성들의 공헌을 여전도회의 조직과 활동에서 찾고 있다. 여전도회라는 단체는 창립 초기부터 선교와 전도에 헌신적이었고 집단적인 영향력을 발휘해왔다. 또한 교회 내 성 평등을 이루기 위해 오랫동안 총회와 투쟁

한 역사를 갖고 있으며, 여권신장 운동의 중심에 있었다고 본다.* 그렇게 생각하면 E의 교회 담임 목사가 여전도회를 견제하고 자신의 사역을 '방해하는' 것으로 인식하게 된 것도 어느 정도 이해할 수 있을 것 같다. 여전도회를 해체한 것은 위협과 방해로 여겨지는 여성 조직의 영향력을 빼앗아, 남성 목사를 주축으로 하는 교회 운영 체제를 공고히 하기 위한 것이었다고 평가할 수 있다.

여전도회라는 조직은 사라졌지만, E의 교회에서는 여전히 식사 봉사와 각종 행사 때마다 여성 성도들의 도움을 필요로 했다. 결국 이들은 이전에 하던 모든 봉사는 계속하면서, 교회 대소사에 의견을 내고 영향력을 행사할 수 있는 창구는 차단당하게 되었다. 쉽게 말해 의무만 남고 권리는 사라진 것이다. 우리는 이러한 힘의 남용에 주목할 필요가 있다. 여성들이 교회 운영과 사역에 참여할 수 있게 하는 여전도회라는 성장의 조건을 잘라버린 지능적인 권력 행사 말이다. 그러면서 그 편의대로 여성 공동체를 이용하는 것이야말로 곧 여성혐오의 실천이라고 봐

---

*   채승희, 「여전도회 활동이 한국교회 여성들에게 미친 영향」, 《신학과 목회》 제34집, 2010, 233~257쪽.

야 할 것이다.

최근 여성학계에서는 자신의 정체성을 위협한다고 여겨지는 대상들을 민감하게 보고 이들에 대항하기 위해 혐오를 실천하는 것을 분석하고 있다. 사회적으로 우위를 유지하고 있는 집단은 자신의 지위를 흔들 가능성이 있는 변화에 민감할 수밖에 없고, 그러한 가능성을 보이는 집단을 위험하다고 인식하여 혐오하고 폭력을 가한다는 것이다.* E가 경험한 현실도 이와 너무나 닮아 있지 않은가. 진정으로 바뀌어가야 할 것은 무지와 무관심으로 일관한 채, 여성 공동체에 대항해 권리를 빼앗고 뻔뻔하게 의무만 남긴 꼴이라니. 그 안타까운 현실이 지금 수많은 교회의 현주소이다.

지구촌을 뒤흔들고 있는 미투 운동의 구호는 '이제는 말할 때Time's up'라는 것이다. 그 흐름 속에 현재를 살아가는 우리들은 과연 교회 내에서 무슨 말들을 꺼내놓아야 할까. 나는 혐오를 계속 살아 있게 하는 교회 내 가장 근본적인 매트릭스(matrix, 모체)를 논의하는 것이 절실하다고

---

* 허라금, 「혐오 발화, 그 억압의 두 얼굴-'문화제국주의'와 '폭력'」, ≪문화와 융합≫ 제40권, 2018, 65~90쪽.

생각한다. 이제 그 혐오의 토양을 이야기해보자. 여성혐오를 만드는 교회만의 조건과 원인에 대해 탐색하다 보면 변화를 위한 전략도 세울 수 있을 것이다.

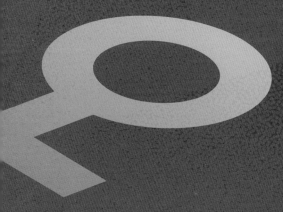

3장

**혐오의,
혐오에 의한,
혐오를 위한
공간으로
만들어지는 교회**

정말 교회는
무조건 '선'일까?

앞선 장에서 여성들에게 밀착되어 있는 혐오의 이미지를 실제 교회 여성들의 경험을 통해 살펴보았다면, 이 장에서는 그러한 여성혐오를 가능하게 하는 교회만의 메커니즘을 살펴보려고 한다. 페미니즘 지식이라는 새로운 렌즈를 가진 여성들의 논지를 함께 담으면서, 앞서 언급한 교회 내 가장 근본적인 매트릭스에 대해 보다 심화한 이야기들을 펼칠 것이다. 먼저, 많은 한국 기독교인들의 모습 속에서 발견되는 '현실감각 상실'과 '맹목성'을 함께 생각해보면 좋을 것 같다.

온라인상에서 교회를 비판하는 댓글들을 본 적이 있

는가? 단순히 교회의 여러 잘못된 행태를 비판하는 것뿐만 아니라, 교회 사람들을 마치 '딴 세상' 사람같이 여기는 경우를 심심치 않게 찾아볼 수 있다. 실제로 우리는 기독교인들이 상식선을 넘어서는 모습을 자주 목격한다. '땅 밟기 기도'를 한다면서 불교 사원에 들어가 기독교식 예배를 드린다든지(국내 봉은사뿐만 아니라 인도 불교 사원까지 넘나드는 이들의 행태는 사회적 문제로, 뉴스에까지 보도된 바 있다) 서울시를 성스러운 기독교 도시로 만드는 성시화holy city movemet 운동이라는 명목하에 피켓을 들고 가슴에 띠를 두른 채 함께 행진한다든지(너무나 부끄러운 고백이지만, 나 또한 어떤 맹목성에 사로잡혀 있었을 당시 이 운동에 참여했던 적이 있다), 단군상을 부수고 마땅히 할 일을 했다며 떳떳해한다든지(이 사람은 재물손괴 혐의로 징역 8월을 선고받았다), 시청 앞 광장에서 부채춤을 춘다든지…….

이러한 행동들 앞에서 기독교 신앙을 가지지 않은 사람들은 고개를 가로저으며 외면한다. 물론 모든 기독교인이 다 그런 것은 아니겠으나, 한국의 많은 기독교인이 비슷한 경향성 안에서 동일한 행동과 사고의 패턴을 보이고 있다. 왜 그러할까. 이 행위들이 공통적으로 담고 있는 의미를 생각해본다면 그 답에 좀 더 가까워질 수 있다. 그것은 바로 타인·타 종교·타 문화에 대한 '완전한 배척'이다.

그 안에는 한국 기독교의 주된 사고 방향성이라 할 만한 '이원론'이 숨어 있다. 그것은 쉽게 말해 사물·사건·현상 등을 '선과 악'으로 갈라 사고하고 행동하는 편협한 습관이다. 나(기독교)는 선이고 너(불교)는 악이기 때문에 그 사원을 밟고, 대적 기도를 하고, 보혈 찬송을 해서 변화를 일으켜야만 직성이 풀리는 것이다. 그리고 악을 물리치기 위해 투사가 되어 단군상을 부수는 행위는 떳떳한 것이 되어버린다.

한 교회 여성은 설교에서 빈번히 등장하는 성차별적인 비유가 참기 힘들었다고 했다. 당시는 강남역 여성혐오 살인 사건이 사회적으로 이슈가 되었던 시기였다. 결국 어느 소모임 시간, 그는 용기 내어 사회적으로 여성혐오가 문제가 되고 있는 시기에 설교 때마다 여성을 부정적인 이미지로 표현하는 것은 옳지 않은 것 같다고 말했다. 그에게 돌아온 답변은 무엇이었을까. 그게 바로 '인간 중심적인 생각, 즉 사탄이 주는 생각'이니 '예수님 중심으로' 생각을 바꾸라는 피드백이었다. 이 여성은 결국 말문이 막혀버렸다고 했다.

이와 비슷한 상황들은 아주 많다. 최근 부자세습을 단행한 명성교회 주일 설교의 한 대목을 들어보자.

교회는 선善이다. 좋은 것이다. 복음의 사역을 감당할 신앙의 성체다. 이런 좋은 교회를 공격하는 사람들이 있다. 선과 악을 섞으려고 노력하는 사람들이 있다. 우리는 그것을 절대적으로 막아내야 한다.*

실로 유치한 편 가르기이다. 교회의 생각과 입장을 지지하는 것은 '선'이고, 이에 반대하는 것은 '악'이므로 물리쳐야 한다는 수준 낮은 발상이라니. 하지만 교회는 이전부터 이러한 편 가르기 논리를 유용하게 활용해왔다.

한 학자는 이것을 개신교 내부의 타자 배제 논리라고 설명한다. 자신들의 정통성을 유지하기 위해 교회는 끊임없이 이질적인 요소, 즉 정통과 대립하는 '비순수impurity'를 만들어내고 이것을 배제해간다는 것이다. 흔히 사용되는 '정통과 이단' '진리와 허위' '선과 악'의 이분법이 여기

---

* 「명성교회 설교 "그래, 우리 세습이다! 어쩌라고?"」,《뉴스앤조이》, 2018. 07.30.

에 속하겠다. 이러한 논리 아래에서 정통으로 주장되는 것들은 늘 '진리와 선'이고, 부정하고 싶은 것들은 늘 '허위와 악'이 되어버린다.**

선과 악을 분별하려는 노력 자체가 문제라고 볼 수는 없다. 다만 어떤 주장과 행동의 정당성을 확보하기 위해, 자신의 입장은 선한 것으로 여기고 그와 다른 입장은 무조건 악이라고 배척하는 논리가 위험하다는 것이며, 누구라도 이에 동의할 수 있을 것이다. 나는 무엇보다 그 안에 내재한 폭력의 그림자가 두렵다. '완전한 배척' 속에서 다른 이의 아픔을 묵살하는 것은 물론, 때로는 고통을 가하면서도 그것을 '진리와 선'으로 포장할 수 있다는 것이다.

교회 내 여성혐오를 가능하게 하는 배경을 찾아나가며, 이원론의 문제를 이야기해야 하는 것은 바로 이 문제가 여성혐오 문화를 유지하는 가장 근원적인 매트릭스 중 하나이기 때문이다. 성별 위계는 하나님이 정하신 것이라며 절대 진리와 선으로 받아들여온 신앙인들에게 성 평등을 이야기하면, 이들은 그 즉시 귀를 닫아버릴 뿐 아니라 그 생각을 곧 사탄의 생각, 즉 절대 악으로 치부하는 끔찍

** 이숙진, 『한국기독교와 여성 정체성』, 한들출판사, 2006, 154, 156쪽.

한 피드백을 보낸다.

이 정도로 맹목적인 집단 안에서는 혐오를 비판하기 위해 자기 목소리를 내기가 참으로 쉽지 않다. 흑백논리가 강한 사람 한 명만 상대하기도 힘이 드는데, 하물며 흑백논리에 사로잡힌 거대 구조에 '다른 생각' 한마디 던지는 것은 얼마나 큰 용기가 필요하겠는가.

또 여성들을 향하는 혐오를 들춰내고 바꿔가야 한다고 말하고 싶어도 교회 내 소통의 창구를 찾아보기 힘든 것이 현실이다. 이러한 교회 현실을 '폐쇄적'이라 표현한다면(사실 폐쇄적이라는 말도 부족하지만), 현재의 교회 구조는 이중·삼중문으로 방어막을 치고 있는 상태라고 볼 수 있다.

교회!
그 남자들의 세계

어느 교회의 흔한 주일 낮 예배 풍경. 남성 찬양 리더가 기타를 들고 멋들어진 멘트를 날리며 찬양을 이끈다. 찬양 후 남성 장로가 대표 기도까지 마치면, 화려한 예복을 입은 남성 담임 목사가 강단에 선다. 빨강, 보라 등 절기마다 색색이 바뀌는 예복은 그의 권위를 더 돋보이게 한다. 목사는 하나님 말씀의 대언자가 되어 설교를 전하고, 성도들은 그 말씀을 '받는다.' 예배가 끝나면 교회의 주요 의제를 상정·결정하는 운영위원회와 당회가 열린다. 구성원들은 대부분 남성이다. 운영위원회와 당회에 참여하지 않는 성도들은 각자 소모임에 참석하는데, 소모임을 이끄는 리더 역시 남성이다.

남성의 말씀, 남성의 기도, 남성이 이끄는 모임, 남성이 결정한 대소사. 교회 내 어디를 둘러보아도 온통 남자, 남자, 남자다. 여자들은 도대체 어디 있는가? 남성들이 '중직'에 임하는 동안에도 분주하게 돌아가는 곳을 들여다보자. 그곳은 바로 주방이다. 부지런히 준비하여 성도들에게 주일 점심 식사를 제공한 여성 집사와 권사들이 설거지를 하고 있다. 이들은 이제 다가오는 바자회 준비를 시작해야 하고, 교회를 찾는 손님도 대접해야 한다.

많은 사람이 알고 있듯이 대부분의 한국 교회에는 남자보다 여자 교인이 더 많다. 2015년 통계청 자료에 따르면 전체 기독교인 967만 5,761명 중 남성은 431만 7,696명이었고, 여성 기독교인은 535만 8,065명이었다. 여성이 남성보다 104만 369명 더 많았으며, 전체의 55.4퍼센트를 차지하고 있었다. 그럼에도 불구하고, 목회자는 물론 성도 중 중직자까지 남성이 절대다수를 차지하고 있으니 아이러니한 일이다. 한국 교회 목사와 장로직의 구 할 이상은 남성에게 편중되어 있는데, 소위 '군림'이 이루어지기 좋은 구조이다. 담임 목사와 평신도의 최고 직분인 남성 장로 사이에서 권력다툼이 일어나는 것도 이러한 맥락 때문이다.

그러나 여성들은, 결정권 같은 건 한 번도 쥐어본 적 없이 뒷전으로 밀려나 설거지를 하고, 자신들이 결정하지도 않은 행사에 노동력을 제공하면서도, 도통 문제를 제기할 줄 모른다. 잠깐 불만이라도 품었다 치면 온갖 죄책감에 시달린다. '내가 이런 죄악된 마음을 품다니.'

우리네 흔한 교회 풍경 속에는 이제까지 교회 활동의 주변으로 밀려나왔던 여성들의 녹록지 않은 삶이 녹아 있다. 이제까지 교회 여성들은 남성의 사역을 돕는 보조자의 지위에 머무르면서 청소와 식사 당번 등 교회 내 실제적인 봉사 영역을 담당하는, 몹시 벅찬 삶을 살아왔다. 결국 성도들 간의 리더 또한 거의 남성이 되었고, 권위의 결정체인 남성 목사와 직접 소통하는 것 역시 남성들의 전유물이 되었다.

A의 말 목사님도 거의 다 남자잖아요. 물론 여자 목사를 허용하는 교단도 있긴 하지만 소수고, 여자는 대부분 아무리 해도 전도사까지밖에 못하는 것 같아요.

그러나 아무리 남자들의 세계가 공고하다 해도 여성들이 교회 내에서 겪는 고충을 진지하게 들어주고 대변해줄 '오픈 마인드' 리더 한 명이 없을까. 만약 교회 내 여성 차별과 폭력이라는 고질적인 문제가 드러났을 때, 목사가 폭넓은 시각을 가지고 다양한 입장을 대변해준다면 문제는 완화될 수 있을지 모른다. 교회 중직자들이 여성혐오 문제를 축소하고 덮으려 한다면, 목사가 그 사안을 끄집어내고 정의와 사랑을 세워야 한다고 설파하면 되니까.

하지만 문제는 그리 간단하지 않다. 여성을 리더로 세우지 않는 교회 구조는 여성을 위축시키고 소통할 수 없는 환경을 공고히 한다. 폭력과 혐오의 경험은 굉장히 성별화된 모습을 띠는데, 교회 내에서는 억압자와 피억압자의 구분선 또한 명확할 때가 많다. 때문에 남성 리더가 아픔을 가진 여성의 목소리를 이해하고 대변하기란 쉽지 않다는 것이다. 무엇보다 억압자는 피부처럼 붙어 있는 자신의 권력을 인식하기 싫어하고, 피억압자들의 어깨와 가슴은 움츠러들기 마련이다. 결국 남성들이 이끄는 교회에서, 여성들은 뒷걸음질 치며 잠잠하게 된다.

교회는 잠시라도 여성이 리더가 되는 상황을 견디지

못하는 것 같다. 그 단적인 예가 대표 기도이다. 교단에 따라 남녀가 동일하게 권사의 직분을 갖게 되는 경우가 있는데, 그때조차 교회는 확실하게 역할상 우열을 구분한다. 지금 우리의 교회를 생각해보자. 주일 낮 예배 대표 기도자는 누구인가? 장로직을 두고 있는 교회에서는 남성 장로가 할 것이고, 장로가 많지 않거나 권사 직분자가 대부분인 교회에서는 대개 남성 권사의 소임으로 돌아갈 것이다. 그 속에서 여성 권사들은 자연스럽게 배제되고 있지 않느냐는 것이다.

B의 이야기를 들어보자. 그의 교회에서는 수요예배 때만큼은 여성도 대표 기도자가 될 수 있다고 하는데, 그때도 차이는 있었다. 남성 대표 기도자들은 강단에 나가 기도하는 반면, 여성 대표 기도자들은 자리에서 일어나거나 앉아서 기도한다는 것. B는 누군가 드러내놓고 "여성은 강단에 올라갈 수 없다"고 말한 것은 아니라고 했다. 이러한 구도는 교회 내에서 자연스럽게 굳어진 것이었다. B는 이것을 '여성은 최대한 드러나지 않는 것이 좋다'고 보는 교회 분위기가 여성 교인들 사이에서도 자연스럽게 공유된 까닭으로 보았다. 직분과 상관없이 여성들 스스로 객체를 자처하고, 자연스럽게 2등 성도에 위치하고 있는 것

이다.

그런데 만약 자제하지 않는 여성들이 나타난다면 어떤 일이 발생할까? 그들의 행동은 '이례적인 일' '신기한 일' '단발성 행사'로 치부되어버릴 가능성이 크다. 내가 중·고등학교 시절 다니던 교회 중고등부에서는 매년 '문학의 밤'이라는 큰 행사를 열었다. 문학의 밤 행사는 매번 찬양단이 준비한 찬양 시간으로 시작되었는데, 어느 해인가 나는 찬양 인도자로서 그 시간을 준비하는 역할을 맡았다. 그리고 문학의 밤 당일 열심히 준비한 찬양 시간을 차질 없이 마친 후, 몇몇 성도분들이 나에게 말씀하셨다. 이제까지 문학의 밤 찬양 인도자가 여성이었던 적은 한 번도 없었다고. 그 말이 아직도 뇌리를 떠나지 않는다. 당시 우리 교회는 매주 육천 명에 가까운 성도들이 출석하는 큰 교회였고 그 역사 또한 길었는데도, 이제까지 찬양을 인도하는 자리에 섰던 여성이 한 명도 없었다니.

이러한 현상은 최근까지도 왕왕 일어나고 있어, 단순히 옛일이라 볼 수만은 없을 것 같다. 불과 이 년 전의 일이다. 당시 언니와 내가 출석하던 교회는 이백 명 내외의 성도가 출석하는, 사십 년 역사를 가진 지역 교회였는데, 하루는 언니가 전교인이 함께하는 성경 퀴즈 대회의 사회를 맡게 되었다. 언니는 프로그램 설명과 참여 유도 등 전체 행사의 약 팔 할 이상을 차지하는 역할을 잘 해냈다. 그리고 언니에게는 "정말 잘했다" "수고했다"는 말에 더하여 "교회 역사상 처음 있는 일"이라는 피드백이 돌아왔다.

　　이러한 일들은 그간 여성이 교회 내 중심에 서지 않고, 또 설 수 없는 분위기가 얼마나 오래된 것인지 단적으로 보여준다. 더불어 교회 내에서 여성에게 기대하는 자리와 그 정체성이 분명하다는 것도.

독점된 스피커!
이제는 필터가 필요할 때

교회에 다니지 않는 사람들조차도 교회 내에서 남성 담임 목사의 파워가 대단하다는 것쯤은 잘 알고 있다. 교회 권력의 최정점에 서 있는 담임 목사는 교회의 모든 행정 치리 권한을 갖고 있고, 성서 해석의 권한을 독점한다. 그가 전하는 설교 메시지는 곧 '하나님의 말씀'으로 즉각 성도들에게 도달하고 있으니 '대언자'의 권위는 대단하다.

A는 목사의 '권위'와 예전禮典의 '형식'의 결합으로 인해 여성들이 예배에서 여성혐오를 발견해도 문제를 제기할 수 없게 된다고 보았다. 예배 중에 "목사님, 질문 있습니다!" 하고 손을 번쩍 들 수 있는 분위기도 아닐뿐더러, 더욱이 하나님의 대언자로 인식되는 목사의 권위에 누

가 선뜻 반기를 들 수 있겠는가. 대형 교회에 다니는 D와 E 또한 동일한 문제의식을 갖고 있었다.

D의 말 예배 시간에 목사님은 마치 하나님의 권위를 빌려서 말한다는 인상을 줘요. 사실 강대상도 되게 높이 있잖아요. 그런 식으로 성도들이 목사님을 우러러보게 하는 예배 구도가 굉장한 위압감을 주죠.

E의 말 마치 옛날 그리스 신전에서 신탁받는 것처럼, 목사님이 하나님의 말씀을 내리시면 저는 거기 토를 달거나 반발심을 가져서는 안 되고, 그저 진리로 받아들여야 할 뿐이죠. 그런 분위기 속에서 누가 손을 들고 반박할 수 있겠어요. 수긍하거나, 교회를 안 다니거나, 아니면 새로운 교회를 찾거나 하겠죠. 아마 그 누구도 문제를 제기할 수 없을걸요. 저 말고도 이런 사람들 많을 거예요. 어느 교회나 다 있을걸요.

2016년 강남역 여성혐오 살인 사건이 이슈화되었을 당시, D의 교회 목사는 주일 설교 서두에 이 사건을 '사회적 사안이 아닌 한 개인의 정신병 문제'라고 못 박아버렸다. D는 이에 반박하고 싶은 마음이 굴뚝같았으나, 목사의 권위를 위시한 상명하달식의 설교로 인해 아무런 문제 제기를 할 수 없었다. 그는 목사뿐 아니라 성도들 간에도 상호 소통하는 방식의 설교는 '말도 안 된다'는 분위기가 팽배하다고 보았다.

목사가 스피커를 독점한다는 것은 어떤 의미일까. 나아가 잘못된 권위 의식을 가진 목사가 '하나님의 대언자'의 지위에 머무른다면 어떤 일들이 발생할까. 목사의 말에는 그의 세계관과 이념, 성경 해석이 반영되어 있고, 그것은 주사기의 약물을 몸 안으로 밀어 넣듯 그대로 성도들에게 주입되어 '진리의 말씀' '신적 질서'가 되어버린다. 설사 그 안에 혐오와 차별, 폭력성이 난무한다 하더라도 말이다. 앞서서 우리는 '진리와 선'을 위해 범죄도 마다하지 않는 기독교의 '투사'들을 보았는데, 이들의 맹목성 역시 신적 권위를 앞세운 필터 없는 주입 속에서 만들어지는 것이라고 조심스럽게 주장해본다.

이러한 상황 속에서 대부분은 침묵한다. 그것이 여성혐오이며 차별이라는 것을 알든지 모르든지 모두 말이다. 성경에 대한 '해석권'은 온전히 목사에게 있기 때문에 강대상에서 하달되는 말씀에는 재해석과 성찰이 가능할 리 만무하다. 그리고 '대언자'가 나누는 말씀이란 것은, 성경 해석에 있어 보수주의 신학conservative theology을 따르는 경우가 많고 그 안에서도 왜곡된 근본주의 신학fundamental theology이 주를 이룬다. 이러한 신학 바탕 위에서 해석된 설교 말씀은, 성경을 '닫힌 텍스트*'로 만들어버린다.

얼마 전 작고하신 감리교 신학자 테드 제닝스(Theodore Jennings, 1942~2020)가 마지막으로 한국을 다녀가셨을 때 그의 강연을 들으러 간 적 있다. 그는 질의응답 시간에, 성경이 하나의 주제에 대해서도 얼마나 다양한 목소리를 내고 있는가를 강조했다. 굉장히 쉬운 예는 바로 복음서가 네 개라는 것이다. 예수의 삶에 대해서도 네 명의 저자가 각자 독특한 관점을 가지고 저술하였다는 것인데, 이렇게 성경에 다양한 관점이 등장하는 것은, 말할 필요가 있는 것에 대해서 많은 목소리가 나와야 하기 때문이라고 설명

---

* 움베르토 에코는 텍스트를 '열린 텍스트'와 '닫힌 텍스트'로 나누어 분류했는데, 열린 텍스트는 의미를 생산하는 과정에서 독자의 협조가 유도되는 텍스트를 말한다. 열린 텍스트에는 텍스트의 다의미성을 강조하는 것과 함께 독자와 텍스트 간의 상호작용 과정이라는 관점이 들어 있다. 그에 비해 닫힌 텍스트는 텍스트가 수용자의 반응을 미리 정해놓은 경우를 의미한다. 닫힌 텍스트는 수용자들의 적극적인 개입을 유도하지 않고 수동적인 독자의 입장에서 텍스트를 대하도록 구성되어 있기에 '독자적 텍스트'라고 부른다.

했다. 그리고 흔히들 말하는 '성경적인 모델'이란 것에 대해서도 허를 찌르는 유쾌한 이야기를 남겼다.

사람들은 이런 표현을 씁니다. 결혼에 관한 '성경적 모델'! 그렇다면 그게 대체 무슨 뜻일까요? 아내가 천 명이었던 솔로몬 이야기인가요? 그러면 아내가 이스라엘인 하나님이 모델이신 건가요? 인간의 관계에 대해서 성경에는 정말 다양한 이야기가 나오는데, '성경적인 관계'라고 할 때 도대체 무엇을 이야기하느냐는 겁니다.

누가복음에는 그 어떤 종류의 결혼도 철저히 거부하는 이야기가 있습니다. 마태는 한술 더 떠서 결혼한 사람은 하늘나라에 적합하지 않다고 말합니다. 로마 가톨릭은 좋은 방식은 결혼하지 않는 것이라 하고, 실제로 사제들은 결혼하지 않습니다. 결국 결혼이나 다른 어떤 주제에 있어서도 '성경적인' 모델은 없습니다. (…) 바울은 반대 방향에서 하나님이 우리를 기쁘게 입양하시는 분이시라 하고, 우리는 하나님을 기쁘게 아버지라 부른다는 '가족 모형'을 이야기합니다.

성경은 분명 열린 텍스트open text이다. 텍스트 자체가 가진 다의미성뿐만 아니라 한 가지 주제에 대해서도 다채로운 이야기를 담고 있다는 점에서 그렇다. 즉 읽고 해석하는 자들과의 상호작용 속에서, 하나의 주제에 대해서도 다양한 말을 할 준비가 되어 있는 책이라는 것이다. 그러나 고민과 해석이 필요한 사안에 대해서도 성경 일부분을 취사선택함으로써 선과 악을 판가름해버리는 재판관 목사들은 얼마나 많은가. 소경이 소경을 인도하는 꼴이다. 그렇기 때문에 만약 '성경적인 여성상'을 단정 짓고 당위로 선포한다면 모두를 위험에 빠뜨리는 것이 된다.

우리는 신 앞에서 고유한 존재들이다. 성별로 판단되지 않는다는 것이다. 결국 '따라가야 할 여성상' '성경적인 여성' 등은 허구라고 말할 수 있다. 교회 내 남성 기득권 세력이 자신들의 지위를 유지하기 위해 도구로 활용해온 것뿐이다.

이제 목사는 잘못된 대리자·해석자로서의 권리를 내려놓아야 한다. 그래야만 혐오와 차별의 토양이 갈아엎어지고 새순이 나기 시작할 것이다. 하나님 앞에서 만인은 제사장이기에, 우리 모두가 이 시대 속에서 말씀을 대면하고 연구하고 해석할 권리를 갖는다. 또한 성도인 우리에게는 책임이 있다. 선과 악, 옳고 그름, 성경적인 것과 아닌 것 등 양극단으로 단정할 수 없는 수많은 의제들이 우리 곁에 있다는 것을 아는 것, 그 불안을 딛고 서서 끝까지 견디며 사유하는 것, 그리고 성경을 연구하는 것이다.

도대체
순종이 뭐길래

○ **성경과 가부장제의 만남 속에서 왜곡되는 성도 의식**

많은 교회들이 흔히 하는 것처럼, 내가 출석하던 교회에
서는 매 주일 성도들이 모여 교제하는 소모임 시간이 있
었다. 처음 모임이 시작되던 날, 구성원들은 서로 돌아가
면서 각자 자신과 자신의 가정을 소개하는 시간을 가졌다.
당시 우리 소모임에는 교회 찬양팀과 성가대를 오가며 활
발하게 활동하시는 여성 집사님이 계셨는데, 다른 교회 구
성원들에게도 귀감이 되는 분이었다. 우리 소모임의 구성
원들은 교회 내 찬양 사역의 중심에 서서 선한 영향력을
미치는 역할이 잘 어울린다는 칭찬을 건넸는데, 그 말을

들은 집사님은 이렇게 대답하셨다.

"제가 그래도 가정에서는 질서를 지킵니다."

질서?! 도대체 그 질서라는 것이 무엇일까. 집사님은 마치 자신이 교회 사역을 활발히 하며 중심에 있는 것처럼 보이는 것을 경계하는 듯, 가정에서는 남편을 우위로 여겨 남편의 생각을 따르는 등 남편과의 관계에서 질서를 지킨다고 말씀하셨다. 이 말을 들은 다른 구성원들은 고개를 끄덕이며 공감을 표했고, 나는 침묵했다. 집사님의 말씀이 많은 질문과 생각할 거리를 안겨주었기 때문이다.

왜 교회 여성들은 남편을 우위로 여기는 것이 '질서'라고 믿을까. 왜 교회 내 많은 사람들은 이에 공감하며 자연스러운 '진리'로 받아들이고 있는 것일까. 부부 사이의 위계질서가 사람들의 마음속에 이토록 굳게 자리하게 된 배경은 무엇일까. 내가 만난 교회 여성들은 교회가 여성이 남성에게 '속하는 것'을 자연스러운 이치로 만들어왔다고 말했다. "여성은 아담의 몸에서 나왔으니 남성에게 속하는 것이 당연하다"는 언설이 비일비재한 것은 물론, '순종'이라는 단어도 흔하게 소비되고 있다고 지적했다.

물론 하나님 말씀에 순종하는 것은 신앙인의 삶에 있어 아주 중요한 부분이다. 다만 문제 제기하고 싶은 부분은 이 또한 굉장히 성별화되어 있고, 여성들에게만 요구되는 부분이 많다는 것이다. 하나님의 말씀에 대한 순종을 넘어 '남편에 대한 순종'을 살아내라고 강조한다는 점에서 그렇다.

많은 교회 여성들이 이러한 가르침 속에서 '마치 노예가 된 듯한 기분'을 느끼고 있다. 부부 관계에서 서로 이해하고 화합하라는 것도 아니고, 일방적으로 여성이 스스로 낮추고 남편 말에 순종하라고 말하다니. 이해도, 심정적인 동의도 되지 않는 상황에서 뜻을 굽히는 것은 굴종이다. "남성에게 순종하라"고 말하는 사람들은 대개 주장에 대한 설득력 있는 근거도 없으면서 모욕적인 언사를 일삼고, 수치스럽고 화가 나는 이 언설을 견딜 수 없어 자연스럽게 교회를 멀리하는 여성들이 생겨나고 있다. 그러나 이 또한 소수일 뿐, 아직까지 그 반대의 생각이 더 편만하다.

그러나 남성의 권위에 순종하라는 가르침이 정말 성경적인 것일까. 사실 이러한 해석은 기독교적 순종의 본래 의미를 완전히 호도한 것이다. 강남순은 기독교적 덕목으로서의 순종은 하나님에 대한 순종이며, 정의와 평화, 사랑을 이루라는 뜻과 명령에 대한 순종인데, 이것이 특정한 사람이나 권위에 대한 순종으로 변질되었다고 지적한다. 그러면서 유독 한국 교회에서 이 같은 변질이 일어난 것은 가부장제와 유교 문화의 역할이 크다고 했다. 순종이라는 덕목이, '아버지-남편-아들'로 이어지는 가부장제적 권위에의 복종을 여성의 덕목으로 강조하는 한국의 유교 문화와 결합하면서, 여성들에게 족쇄를 채우는 매우 강한 이데올로기가 되고 있다는 것이다. 그는 한국 교회가 가르치는 순종은 그 대상이 누구이며, 순종해야 할 내용은 무엇인지, 또한 그 순종의 열매는 무엇인지 등에 대한 기본적인 이해조차 생략된 채, 보다 큰 외적 권위에 맹목적으로 복종하라는 의미로 제시되고 있다고 본다. 그에 따르면 교회는 순종의 본래적 의미를 상실하는 과오를 범하고 있다.*

우리네 교회의 현실은 어떠한가. 이 왜곡되고 뒤틀린 '질서'와 '순종'이 신앙을 가진 여성들이라면 응당 따라야 할 진리로 안착해 있다. 깊어진 차별의 골, 여성들을 향하는 혐오의 칼날은, 이렇게 이데올로기화되어 있는 교회 내 '고유 담론'들을 근간으로 만들어진 것이라 하겠다. 안타

---

* 강남순, 『21세기 페미니스트 신학』, 동녘, 2018.

깝게도 극단적으로 가부장적이었던 시대의 생각을 그대로 적용해버린 오류의 산물이 성경적 질서가 되어버렸다.

실제로 많은 학자들은 성경에 표현된 질서를 남녀의 위계질서로 인식하게 하는 것에 대해 우려하고 있다. 하나님은 우리를 인격으로 창조하셨고, 성서는 보다 근본적인 관점에서 모든 인간은 존재적으로 평등(갈 3:28)하다고 말하고 있기 때문이다. 이 말씀에 근거하여 해석한 '성경적 질서'가 힘의 위계나 상명하복 질서로 해석될 리 만무하다. 강호숙은 성가대에서 소프라노, 알토, 테너, 베이스가 서로 화음을 이루는 것처럼, 조화와 균형, 평등과 견제, 연합과 사랑으로 이루는 질서가 인격적인 존재에 걸맞는 질서라고 주장한다. 여성이 일방적으로 남성에게 복종해야 하는 남성화된 질서 속에서는 여성의 자유, 선택, 책임을 논할 여지 자체가 사라지게 된다며.**

** 강호숙, 앞의 책, 65쪽.

내가 경험을 통해 체감한 사실은 바로 부부 관계의 '질서'가 깨지는 것을 경계하고, 남편에 대한 '순종'을 강조하는 이들은 대개 여성 본인이라는 것이다. 메시지를 선포하는 것은 남성이지만, 이 메시지를 살아내야 하는 것은 여성들이다. 그리하여 스스로 질서와 순종, 조용한 보조자로서의 역할을 다짐하는 이들의 말 속에는 진지함을 넘어 약간의 결의決意까지 느껴진다. 어째서일까. 그것이 바로 '진리를 따르고 있다'는 선포임과 동시에 '올바른 신앙'의 실천이기 때문이다. 실은 그것이 왜곡되고 뒤틀린 개념이라는 것을 전혀 인지하지 못하고 있는 것이다.

교회 내에는 여성 스스로 모든 불합리를 감내하며 순종을 말할 때, 그 모습을 마치 거룩하고 깨어 있는 것처럼 여기는 분위기가 존재한다. 그래서 여성들은 스스로 순종하고 희생함으로써 위신을 세우려 한다. A는 그러한 것들을 익히 보아왔다. 남성을 향한 헌신과 희생, 위계적인 순종을 '거룩함' '신앙적인 올바름'과 연결 짓는 것, 그리고 그 거짓 진리를 위해 자신을 검열하는 모습을 말이다.

A의 말 유독 여자들 중에서 다 수용하고, 힘들어도 겉으로 티 안 내고, 희생하고, 참고 포기하는 것을 십자가라고 표현하고, 신앙이라고 생각하는 사람들이 많은 것 같아요.

교회 내 '신앙적인 여성'의 이미지와 그 각본에 따른 행동들은 마치 하나의 경향처럼 보이기까지 한다. C 또한 편만하게 퍼져 있는 각본화된 행동들을 민감하게 주시해왔는데, 특히 교회 내 부부들에게서 독특한 모습이 발견된다고 했다. 아내만 남편에게 존댓말을 쓰는 것은 물론이고, 헌금 봉투에 부부의 대표로서 남성의 이름만 쓰는 것까지.

저는 우리 집은 그나마 평등한 편이라고 생각하거든요. 그런데 교회에만 가시면 엄마가 그렇게 아빠한테 존댓말을 하세요! 저 진짜 평소에는 엄마가 아빠한테 존댓말 하시는 거 한 번도 못 봤거든요. 교회 문화 자체가 '아내는 남편한테 존댓말을 쓴다'가 디폴트가 된 거예요. 그런 가정이 이상적이고 존경받을 만한 가정상이 되어버린 것 같아요. 아! 그리고 헌금 봉투에 이름을 쓰잖아요? 그럼 엄마 이름을 안 써요. 아빠 이름만 쓰지. 그런 모습을 보면 '아,

그렇지. 엄마도 절대 피해 갈 수는 없구나' 하고 씁쓸했어요.

C는 교회에서 가정에 있는 동안 한 번도 보지 못했던 어머니의 '순종'을 발견하며 씁쓸함을 느꼈다고 했다. 왜 여성들은 이처럼 프레임화된 '억지 순종'을 해나가야만 하는 것일까. 이숙진은 개신교 내 남성 지배hegemony와, 두 범주로 나누어진 여성 개념을 통해 이를 설명한다. 그는 교회 내에서 남성 지배가 이루어지면서, 여성을 성도와 외인(타자)으로 분류하게 된다고 보았다. 분류 기준은 아주 다양하지만 가장 일반적인 기준 중 하나가 '여성의 본성과 관련한 역할 준수 여부'이다.

사실 한국 개신교가 가르치고 있는 여성의 본성과 역할은 가부장 사회가 일반적으로 규정하는 것과 크게 다르지 않은데, 곧 남성 지배 체제에 순종하는 것이다. 다만 교회에서는, 하나님의 뜻은 곧 남성 지배 체제를 옹호하는 것이라 해석되어왔기 때문에, 이러한 규범이 더욱 강력하게 적용된다. 그리하여 순종하는 여성을 기뻐하시는 '성도'로, 순종하지 않는 여성은 하나님의 뜻에 위배되는 '외인'으로 분류한다. 따라서 여성은 교회의 성도가 되기 위해서 희생적이고 이타적인 태도로 허드렛일도 마다하지 않아야 하고, 또 그러한 역할을 암묵적으로 강요받는다.* 타의 눈치를 봐서라도 여성이 직접 남성 권위에 순종하는 삶을 말하거나, 자신의 위치가 부수적이라는 것을 나타내는 실천을 계속할 수밖에 없다는 것이다. 그래야 교회에서 말하는 진정한 성도가 될 수 있기 때문이다.

한 걸음 더 들어가보자. '신앙적인 여성상' '여성의 본성과 역할'과 같은 왜곡된 각본이 여성들에게 진리로 자리 잡을 때, 문제는 꼬리에 꼬리를 물고 이어지게 된다.

기독교의 '성聖가정'에 대하여 들어보았는가? (내가 아는 목사님은 명품가정, 진품가정으로 이 개념을 설명하기도 했다) F는 기독교 교육의 주를 이루는 것 중 하나가 바로 성가정을 이루어야 한다는 가르침이라고 말한다. 성가정이란 남편은 가부장이자 목자의 역할을 하고 아내는 남편을 잘 섬기고 순종하면서 아이를 지혜롭게 양육하는 가정을 뜻한다. 그야말로 기독교의 이름에 기대어 순항하는 가부장제 가족이다. 의미는 단순해 보이지만 여기에는 여성들

---

* 이숙진, 앞의 책, 154, 156쪽.

의 사투가 숨어 있다. 남성의 경우 가부장으로서 자기 위치를 설정하거나, 이미 설정한 위치를 다시금 확인하는 정도에 그치지만, 여성들은 스스로 자기 역할을 충실히 해내는 '정상여성' '괜찮은 여성'으로 증명하기 위한 노력을 거듭해야 하기 때문이다.

순항하는 가부장 가족의 '어머니'가 있다고 치자. 그는 역할 각본을 충실히 따르는 여성이기도 하다. 그런데 어느 날 그 여성 앞에 가정 내에서 주체적이고 대등한 위치에 서서 목소리를 내고, 때로는 가정을 이끄는 듯한 인상까지 주는 여성이 나타난다면 어떤 일이 생길까? F는, 이때 여성들은 아주 자연스럽게 '괜찮지 않은 그 여성'과 자신을 분리하는 마음을 발전시킨다고 보았다. 스스로를 그와는 '다른 여성'으로 분리하여 생각하면서 비교 우위 속에서 자신의 존재 가치를 확인하는 것이다. 이는 가정에만 국한된 문제는 아니며 공동체 어디에서도 일어날 수 있는 현상이다.

시끄러워 보이는 여성, 자기주장을 하는 여성은 굉장히 많은 비판을 받잖아요. 그래서 시끄러워 보이고 싶지 않고 비판받고 싶지 않으니까 계속 나는 저런 존재가 아니라고 분리를 시도하는 거예요. 결국 여성이 여성을 혐오하게 되는 현상이 일어나죠. 하지만 사실 이건 여성 대 여성의 싸움이라기보다는, 여성들끼리 서로 싸우고 분열하게 하려는 남성 권력 때문이에요. 여성을 통제하고 억압하기 위한 하나의 기제로서요.

소위 주관 확고한 여성들은 교회에서 어떤 시선을 받게 되는가? 환영받지 못하는 것을 넘어서 정서적 핍박을 받기도 한다. 누구나 핍박받고 싶지 않은 것이 인지상정이다. 이에 많은 여성들은 스스로를 가부장적 기준에 맞지 않는 여성들과 분리하며 이들을 혐오하기에 이른다.

남성 사회, 남성 권력을 따르고 순응하는 여성들을 '괜찮은 여성'으로 분류하여 그렇지 않은 여성들과 이분하고 가치 등급을 매기는 것. 이것은 여성을 통제하여 가부장제와 교회 권력을 유지하기 위해 남성 사회가 택한 가장 손쉬운 방법이다. '괜찮은 여성'이라는 존재 기준 역시 여성이 만든 것이 아니라는 점을 볼 때, 오늘날 교회 여성들은 남성에 의해 성도와 외인으로 분류될 뿐 아니라, 여성들 사이에서도 괜찮은 여성과 그렇지 않은 여성으로 분류됨으로써 이중 소외를 경험하고 있는지도 모른다.

○ 내면에 아로새겨진 열등성

다시 순종에 대한 논의로 돌아가 순종을 말하고 실천하는 여성들의 내면을 돌아보자. 이들의 속마음은 진정 평안할까? '하나님 뜻에 따르는 여성' '진정한 성도'가 되기 위해 늘 남성의 조력자를 자처하는 수많은 여성들 안에는 어떤 마음이 자리 잡았을까? 이들 안에는 자신은 존재적으로 남성 아래에 있고, 남성의 능력을 따라갈 수 없다는 열등감이 자리하고 있는 경우가 허다하다. 때로는 자신을 향한 미움을 안고 있을 때도 있다.

E는 대학부 수련회에서 이십삼 년간 한 교회에 출석해온 동기와 대화를 나눌 기회가 있었다. 그는 신학대학교 졸업을 앞두고 전도사 실습을 준비하고 있었으나, 장로교 안에서 여성 전도사를 위해 실습을 운영하는 마땅한 교회를 찾지 못했다고 했다. E는 안타까운 마음에 계속 다른 교회를 찾아보라고 격려하였으나, 동기는 이를 어쩔 수 없는 일로 생각하며, 교회에서 여자가 지도자가 되는 건 불

가능하다고 단정 지었다.

그 말에 제가 욱해서 "그게 무슨 말이냐. 너 초등학교 중학교 때 전
교 회장까지 했던 애 아니냐"고 했는데, "여자는 감성적이어서 지
도자가 되긴 어렵지" 하는 거예요. 그럼 회장은 어떻게 한 거냐고
물어봤더니, 왜 그렇게 흥분하냐고 진정하라고 그러더라구요. 제
가 다른 교회 수련회에서 여자 목사님을 여럿 뵌 경험이 있다고
이야기했더니, 굉장히 신기해했어요. 여자 목사님은 처음 듣는다
면서요. 처음부터 쭉 이 교회만 다녀서 그렇다고 생각하려 해도,
당장 졸업 실습도 못 나가게 생긴 판국에 저렇게 문제의식이 없을
수가 있나 싶었어요.

C 또한 같은 부서 여성 전도사님과의 대화를 통해 그
내면의 생각을 들여다보게 되었다고 했다.

교회 내에서 이상적이라 그려지는 목사님과 사모님의 모습을 보
면서 많은 성도들이 나도 저래야겠다, 라고 생각하잖아요. 하, 근
데 남성들은 자기 자리에서 리더십을 발휘하면 될 뿐, 딱히 필요
한 게 없단 말이에요? 하지만 여성들은 섬기는 사람이 되어야 하

잖아요. 그러려면 내가 섬길 수 있는 대상이 필요하고요. 그래서 많은 여성들이 섬길 대상인 남자 친구나 남편이 없으면 그걸 굉장한 결핍으로 생각하게 되는 것 같아요. 저희 부서 전도사님께서도 그런 이야기를 많이 하셨구요.

C의 부서 여성 전도사님은 소위 말하는 '혼기'를 훌쩍 넘겼고, 자녀도 없었다. 그는 이러한 사실을 부끄럽게 여기며 스스로를 결핍된 사람으로 여기고 있었다. 남편에 대한 순종을 질서로 강조하는 교회 문화 안에서, 순종해야 할 대상 자체가 없는 비혼 여성은 순종의 삶을 위한 조건 자체를 갖추지 못한 사람이 되어버린다. 노골적으로 '어딘가 완성되지 못한 존재' '불쌍한 존재'로 보는 시선을 받기도 한다. 따라서 스스로 부족한 존재로 여기며 자책할 수밖에 없는 것이다.

C와 E의 이야기에서 교회 여성들의 인식 속에 자리한 열등감의 그림자를 발견하게 된다. 남성 헤드십headship만을 인정하고 앞세우는 태도, 남성의 옆에서만 비로소 자기 존재감을 확인할 수 있다는 수동적 자세. 교회 내 여성 혐오의 동력은 이러한 인식 속에서 더 강화되고 있는지도

모른다. 남성 권위 앞에 순종하는 것은 곧 진리이며 신앙적 삶이기에, 남성 권력을 의심 없이 수용하고, 그 권력으로 인해 차별과 배제를 경험하는 수많은 여성들을 방관하기에 이른다. 자신도 모르는 사이에 교회 내 여성혐오적 토양에 양분을 제공하면서, 그렇게 혐오당하고 혐오하는, 혐오의 굴레에 갇히게 된다.

고리가 사슬이 되어,
이제는 거룩한 욕사발이 필요할 때

신앙인이라면 그리스도인의 '성화sanctification'에 대한 이야기를 들어본 경험이 많이 있을 것이다. 신앙인의 삶이란 곧 그리스도의 모습을 닮고 따라가는 삶이라는 것인데, 무엇보다 성품에 대한 강조점이 많다. 생각해보면 교회에서 자주 언급되는 '성령의 아홉 가지 열매(사랑·기쁨·화평·인내·친절·선함·신실·온유·절제, 갈5:22~23)' 또한 다 신앙인의 성품과 연관된 개념들이다. 때문에 신앙인들은 자신의 말과 행동, 드러나는 성품에 민감할 수밖에 없다.

사람들이 교회 안에서는 다툼이나 비난을 지양하려고 하잖아요. 예수님처럼 사랑하고 품어줘야 한다면서……. 저는 용서할 때 하더라도, 뭘 잘못했는지는 알려줘야 한다고 생각하거든요. 근데 저처럼 생각하는 사람이 거의 없어요. 반성은 일절 없이 무조건 용서. 여성혐오에 대해서 생각해봐도 그래요. 일단 나서서 이건 여성혐오다, 여성혐오는 옳지 않다 말하는 사람이 없어요. 이런 분위기 속에서는 문제를 제기하는 사람들이 오히려 나쁜 사람이 되어버리죠. 왜 용서하지 못하고 사랑하지 않냐고…….

왜 많은 성도들은 교회 내에서 발생하는 여성혐오에 대하여 침묵하고 그저 수용할까. A는 그 원인을 다툼과 비난을 지양하는 교회 문화에서 찾았다. 싸우지 말고 용서해야 한다는 압력 때문에, 여성들이 피해를 입어도 좀처럼 잘잘못을 따지지 못한다는 것이다. A는 이것이 '성도가 마땅히 가져야 할 이상적인 모습'과도 연관된다고 보았다.

교회에서 이상적이라고 말하는 모습이 명확히 정해져 있으니까, 사람들이 얘기를 못 하는 것 같아요.

나는 다툼과 비난을 지양하고, 이해하고 품어줘야 한다는 교회 분위기는 교회의 특정 지향점과 연관되어 있다고 생각한다. 그것은 개인의 성화를 통해 덕과 성품의 공동체를 만드는 것이다. 특히 인내와 사랑의 덕이 교회를 지배해야 한다는 인식이 공동체를 강하게 에워싸고 있다.* 그러나 이러한 지향이 지나치게 깊어지면 문제 역시 심화한다. 이러한 공동체 분위기에서는 문제가 발생했을 때 변론 자체를 막아버리는 경우가 허다하다. 문제 상황에 대한 변론을 무언가 죄스럽고 불편하게 여기도록 만드는 것이다. 책망은 인내와 사랑과는 동떨어진 상황이라 판단하고 은연중에 침묵을 강제한다. 그리하여 문제가 그대로 방치되기도 하고, 진상을 파악하여 대안을 마련해야 할 정도로 심각한 문제 앞에서도 그저 용서하고 품어주라며 개인적인 인내 차원으로 마무리 짓게 하는 경우가 많다. 마땅한 성도 됨의 모습, 지향하는 공동체의 모습이 무언가 뒤틀린 탓이다.

---

* 대표적인 기독교 윤리학자 스탠리 하우어워스(Stanley Hauerwas, 1940~)는 교회를 덕의 공동체로 인식하고 성화의 연계선상에서 덕성 함양이 필요하다고 강조했고, 교회가 이를 실행해야 한다고 보았다.

가끔 이런 경험을 하지 않는가? 지나가다가 와자지 껄 거칠게 이야기하는 무리를 발견하였는데, 그중에 교회 집사님이 계신 것이다. 망설이다가 "집사님!" 하며 인사를 건넸는데, 집사님의 표정과 말투가 금세 변해버렸다. 너무나 부드럽고 다정하며 세상 다른 모습으로. 마치 연극 배우와 같은 이 모습은 흡사 '성도 모드'로의 전환 같은 인상을 준다. 우스갯소리 같지만 만약 겉으로 드러나는 성도라는 자기 이미지에 신경 쓰지 않아도 된다면, 우리는 우리가 겪는 어려움에 대해 보다 쉽게 문제 제기할 수 있을지 모른다. 진실하게 문제를 마주할 가능성이 높아질 수 있다는 것이다.

그러나 교회에서 문제 제기란 곧 이상적인 성도의 모습과는 어울리지 않는 것이 된다. 그래서 피해 여성이 참거나, 스스로 교회를 떠나는 것으로 상황이 일단락되는 일이 비일비재하다. 그리고 무엇보다 신앙 교육 안에 '착하고 온유한 성품' 등이 지나치게 강조되고 있지 않은가. 좋은 방향이라 할지라도 과하면 언제나 탈이 나기 마련이다. 한 방향성에 치중한다면 함께 함양해가야 할 다른 부분에 소홀해질 위험성이 커진다. 특히 젊은 여성들에게 이미 그 부정적 영향력이 미치고 있다.

H는 다음 장에서 자세히 논의하게 될 '믿는페미'의 일원이며, 공동체 운동의 일환으로서 팟캐스트 채널을 운영하고 있다. 해당 채널은 초창기에는 사연을 받고 그에 대해 답변하는 형식으로 운영되었는데, 그는 특히 '데이트폭력'을 주제로 다루었던 회차 방송에서 많은 교회 여성들이 상당한 혼란을 경험한다는 걸 알게 되었다. 그들은 마땅히 분노를 느껴야 할 부당함 앞에서 도리어 죄책감을 느끼고 있었다.

당시 사연을 보내온 교회 여성들은 남자 친구의 명백하게 왜곡된 성 의식과 행동으로 인해 데이트폭력을 경험하고 있었음에도, "네가 아직 잘 몰라서 그런다" "하다 보면 좋을 거다" "내가 널 사랑해서 그러는 거다" 등의 말을 동반한 가스라이팅gaslighting*으로 인해 혼란스러워하고 있었다. 특히 남자 친구가 신학생이나 사역자일 경우 그 혼란은 더욱 가중되었다.

---

* 심리학 용어인 가스라이팅은 상황 조작을 통해 타인의 마음에 스스로에 대한 의심을 불러일으키는 것을 말한다. 가스라이팅 피해자는 자신에 대한 신뢰감을 잃어가게 되고 종국에는 자존감이 없어진다.

이렇게 생각하더라고요. '설마 사역자가 그러겠어. 내가 너무 예민한 거야. 너무 화가 나지만 주님의 종이 된 사람을 건드리면 안 되지. 혼란스러워. 다 내가 부족한 탓이야.'

원하지 않는 것을 강요당하는 데이트폭력을 경험하면서도, 이들이 마땅한 분노를 터뜨리지 못하고 도리어 혼자 끙끙 앓으며 혼란스러워하는 이유는 무엇일까. 어쩌면 그 배경에는 이들이 오랜 시간 받아왔을 신앙 교육의 영향이 있을지도 모른다. H는 "노하기를 더디하라"는 명제 하에 줄곧 분노를 부정적으로만 다루어온 교회의 신앙 교육 때문에, 사람이라면 누구나 느낄 수밖에 없는 분노 앞에서도 자기혐오를 느끼면서 자제하게 되는 것으로 보았다. 교회 내에는 "다 내 탓입니다. 주님 제가 잘못했습니다. 제 십자가입니다"라는 신앙 교육이 빈번하여, 여성들이 자기 잘못이 아님에도 불구하고 스스로를 책망하고 통제하는 아픈 현실이 실재한다.

앞서 교회 남자 장로로부터 "창녀같이 옷을 입지 말라"는 조언을 들었던 D의 이야기를 기억하는가? 교회 밖에서 이루어졌다면 "지금 나한테 시비 거는 거냐"는 반응과 함께 분쟁으로 이어졌을 이러한 발화가 교회 안에서는 '죄를 짓지 않도록 돕는' 조언이자 배려로서 전달되었다. 나는 얼마 전까지도 교회의 뒤틀린 신앙 교육을 생각하며 많은 생각에 잠겨 있었다. 내가 어렸을 때부터 배워온 예수, 그것이 진짜 예수의 모습일까? 예수를 생각할 때 뇌리를 스쳐 가는 선명한 이미지는 하얀 옷을 두르고 선한 얼굴로 어린 양을 안고 계신 사랑의 모습이다. 우리네 신앙 교육은 사랑과 헌신, 인내와 자비의 상징 예수를 보여주며 그 성품을 닮아가야 한다고 강조한다.

그러나 나는 몇몇 기록들을 통해 예수의 새로운 모습을 마주하게 되었다. 그것은 바로 걸쭉한 입담을 자랑하는 욕쟁이 예수! 그 또한 내가 알고 있었지만 깊이 생각하지는 못했던 예수의 모습이었다.

중산층 부르주아지 윤리관에 젖어 있는 우리가 예수를 점잖은 양반으로 생각해와서 그렇지, 성경은 예수님도 욕을 하셨다는 사실을 적나라하게 보여준다. 성경 마태복음 12장 32절에는 바리새인들을 향한 예수님의 일갈이 담겨 있다.

독사의 자식들아. 너희는 악하니 어떻게 선한 말을 할

수 있느냐. 이는 마음에 가득한 것을 입으로 말함이라.

독사의 자식이라니! 날로 번역하면 '뱀 새끼'이고, 한국식으로 번안하면 '개새끼'가 될 수도 있는 말이다. 특히 고대 근동에서 독사 새끼가 어미를 잡아먹었다는 점에 착안한다면 이 말은 '제 어미와 아비까지 잡아먹을 놈'이라는 맹비난으로도 이해할 수 있다.

예수님 이전에 세례 요한도 같은 말을 하였으며(마 3:7, 눅 3:7), 신약의 위대한 사도 바울도 할례를 받아야 구원받는다고 주장하는 이들을 '개 같은 놈들'이라 부르기를 서슴지 않았다(빌 3:2). 그러나 이들이 퍼부은 욕사발이 상스럽기는커녕 오히려 거룩하다고 느껴지는 것은 의분이 묻어 있기 때문이다. 우리는 본래 하나님의 형상을 따라 분노하는 자로 지어졌다.* 마땅히 분노할 자리에서 분노하기를 주저하지 않으셨던 예수님의 모습을 교회가 제대로 조명해주었다면 너와 나, 우리 교회 공동체는 더욱 건강해졌을 것이고, 교회 여성들의 가슴속에 맺힌 응어리도 풀어졌을지 모른다.

---

* 박총, 『욕쟁이 예수』, 살림, 2010, 16쪽.

'노하기를 더디하라'는 신앙 교육을 받으며, 늘 조용한 보조자로 머물 것을 요구받는 교회 여성들은, 위협과 부당한 상황에 당면했을 때조차 저항하는 법을 모르며, 반론을 제기하지 못하는 존재가 되어버릴지도 모른다. 나는 과거 성폭력 피해자들을 지원하는 상담원 교육을 받으며 '여성주의 자기방어' 훈련이란 것을 처음 접했다. 당시 교육자는, 상대방을 제압할 수 있는 방어의 기술을 가르치기도 했지만, 방어할 수 있는 내적인 힘을 기르는 것이 중요하다고 강조했다. 그 이유인즉 여러 사례들을 종합하여 보면, 실제로 위협적인 상황에 직면했을 때, 알고 있던 대처 방법이 하나도 떠오르지 않고 그저 다리가 풀려버리는 것을 경험하는 여성들이 많다는 것이다. 소리를 지르기는커녕 목소리조차 내지 못하는 경우가 비일비재하다고.

힘과 근육은 단련해온 사람이어야 쓸 수 있고, 소리도 질러본 사람이라야 지를 수 있다. 문제를 파악하고 저항하는 것 또한 일종의 근육을 단련하는 일일지 모른다. 하지만 이제까지 논의한 것과 같은 교회 문화에서 어디 저항하는 근육이 제대로 길러질 수나 있겠는가. 여성은 사랑하고 배려하는 '어머니'이자 조용히 순종하는 '보조자'가 되어야 하는데 말이다. 이러한 압력은 여성을 더욱 취약하게 만드는 것이 분명하다. 물리적인 위험뿐 아니라, 인격을 향한 폭력 앞에서까지 말이다. 성차별과 성희롱, 성폭력에 노출되고 심지어 가스라이팅을 당한다 해도, 스스로를 통제할 것을 강요하는 신앙적 기준 안에서 어떠한 저항도 하지 못하고 홀로 감내하는 일이 반복되는 뼈아픈 현실이 우리 곁에 있다.

그러나 우리는 새로운 희망과 마주하고 있다. 아직 뼈아픈 현실과 완전히 결별하지는 못했을지라도, 새로운 가능성과 서사를 보여주는 교회 여성들이 점점 일어나면서 변화의 작은 불씨를 지피기 시작했다. 이들은 스스로 지식을 탐색하며, 그 속에서 얻은 깨달음을 교회 내 모임의 장에 도입하기도 하고, 이전에 없던 새로운 크리스천 페미니즘 운동을 시작하며 변화의 서문을 활짝 열고 있다. 나는 다음 장에서 이러한 새 희망을 소개하며, 그 변화의 물결에 초대하려고 한다.

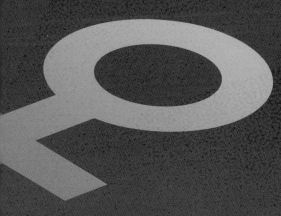

4장

전에 없던
페미니즘,
교회 여성들
일어서다

66

여성에 대한 폭력은 종종 여성의 목소리와 이야기에 대한 폭력이다. 그것은 여성의 목소리를 거부하는 것이고, 그 목소리의 의미, 즉 자주적으로 결정하고, 참가하고, 동의하거나 반대하고, 살며 참여하고, 해석하고 이야기할 권리를 거부하는 것이다.

-리베카 솔닛

99

되찾아가는 말,
되찾아가는 이야기

"여자는 교회에서 잠잠하라."(고전 14:34)

너무나 유명한 이 성경 구절은, 참으로 많은 의문을 안겨준다. 1934년 9월 평양에서 열린 장로회 총회 정치부는 이 구절을 근거 삼아 '여성은 교회에서 가르치지 말라'는 규정을 못 박았다. 이에 따라 보수 교단은 오늘날까지도 여성이 설교하는 것을 금하고 있다.

교회마다 차이가 있겠으나, 이 구절에 대한 해석은 대개 단순히 설교권의 영역에 머무르지 않는다. '잠잠하라'는 말을 문자 그대로 적용하여, 여성은 교회 내에서 자기주장을 앞세우면 안 된다고 하거나, 돕는 자로서 남성의 리더십에 순응하여야 한다고 주장하는 등 그 해석의 범위는 무궁무진하게 뻗어 나간다.

하지만 정말 성경에 기록되어 있다는 이유로 우리는 이 구절을 문자 그대로 따라야 할까? 한 신학자는 다음과 같은 질문들을 던지고 있다.[*]

- 여자는 교회에서 잠잠하라고 명한 바울은 왜 여성들을 제자·사도·집사·선지자 등 여러 동역자로 세웠는가?
- 이 대목에서 바울이 '잠잠하라'고 명하는 부류는 여자(고전 14:34)뿐 아니라, 방언으로 말하는 자(고전 14:27~28)와 예언하는 자(고전 14:29~33)까지 포함한다. 그런데 왜 오늘날에는 여성에게만 잠잠하라고 하는가?
- 여성들도 성령 충만을 입어 예언과 방언을 하고 있었다는 것은 어떻게 설명할 수 있는가?
- 이방인의 선교사로 부름받은 사도 바울이 복음과 율법을 논증하면서 결국 유대인과 헬라인, 주인과 노예, 여성과 남성 모두가 주 안에서 하나임을 선포한 것(갈 3:28)은 어떻게 해석할 것인가?

[*] 강호숙, 앞의 책, 168~169쪽.

- 왜 '여자는 교회에서 잠잠하라'고 하면서 교사·교수·전도사·선교사·성가대원 등은 할 수 있게 하는가?
- 하나님께서 주신 언어와 목소리를 가진 인간에게 잠잠하라니, 여자는 찬양도, 기도도, 대화도 할 수 없고 복음도 전하지 말아야 한다는 것인가?

신약성경에 따르면 당시 유니아, 뵈뵈, 브리스길라, 다비다 등 많은 여성들이 사도와 집사, 선지자, 교사 등 여러 방면에서 바울의 동역자 역할을 감당했던 것을 알 수 있다. 따라서 성경 구절에 담긴 바울의 의도를 제대로 이해하기 위해서는 성경 문맥뿐만 아니라 당시 상황과 문화를 세밀하게 들여다보아야 한다.

그럼에도 오늘날의 교회는 성경 구절들을 굉장히 선택적으로 적용하면서 여성을 배제하는 수단으로 활용해 왔다고 볼 수 있다. 교회의 성경 해석에 오류가 있고 잘못 적용되고 있다는 것을 더 많이 언급해야만 하지 않을까. 교회 내 모든 여성에게는 하나님이 동등하게 부여하신 자유와 책임 속에서 동의하거나 반대하고 참여하며 해석하고 '이야기할 권리'가 있다는 것까지 말이다.

박찬욱 감독의 영화 〈아가씨〉가 인기를 끌자, "내 인생을 망치러 온 나의 구원자, 나의 숙희"라는 명대사를 패러디하여 '내 인생을 망치러 온 나의 구원자, 페미니즘'이라고 말하는 여성들이 많아졌다. 망치고 구원하다, 일견 형용 모순 같은 이 말은 페미니즘이 내 삶을 송두리째 뒤흔들지만 결국 나를 구하는 존재라는 즐거운 성찰에서 나온 말일 것이다. 페미니즘 지식을 받아들여 삶으로 연결한다는 것은, 때로 내가 속한 세계의 모순을 전면 분해하는 아픈 과정 같기도 하다. 그러나 이 지식은 결국 나와 우리를 구한다는 '회복'의 의미를 담고 있다. 그리고 이 회복의 과정에서 빠지지 않는 고백 중 하나가 '언어를 찾아가는 기쁨'에 대한 것이다.

내가 만난 여성들도 그러했다. 교회 내 혐오와 차별의 문제를 새 지식으로 분해하면서, 성경 텍스트의 편향성과 그 안에 날것 그대로 들어 있는 혐오의 언어를 살피기도 했고, 교회 소모임에서 의미 있는 첫걸음을 떼어보기도 했다.

성경이 아무래도 남성 시점에서 기술된 거잖아요. 예를 들어 성경에 남창은 없지만 창녀는 있죠. 또 비유를 해도 하필 어리석은 처녀예요. 어리석은 총각도 많을 것 같은데 참. 그러면서 여성분들이 지혜로워야 가정이 산다고 말하죠. '여성은 곧 가정'이라는 것처럼.

E는 교회 소그룹 모임에서 처음으로 이에 대한 의문을 제기했다. 그 모임은 삼십에서 사십 대 부목사들과 E 또래의 대학생 열 명 정도가 함께하는 성경 큐티QT* 모임이었다.

말씀을 보는데, "너희는 음란한 창녀를 조심하고"라는 대목이 있는 거예요. 그래서 목사님한테 "저는 남창을 조심해야 하나요?"라고 물었더니 갑자기 분위기가 싸해지면서 애들은 서로 시선을 주고받고, 목사님도 "음⋯⋯" 하시면서 답을 못 찾으시더라고요. 그러니까 남자애 하나가 '너 되게 예민하다'는 식으로 쳐다보다가 나중

---

*   QT는 quiet time의 약어로서, 조용한 가운데 성경을 깊이 묵상하는 시간을 의미한다.

에 죽어서 베드로한테 물어보라고 하더라구요. 그날의 상황은 그렇게 웃으면서 넘어가긴 했는데 '나는 누굴 조심해야 하지?'라는 의문은 남았어요. 또 '너네는 아무렇지도 않게 판단하면서 왜 나는 죽어서 물어보라고 해?' 이런 생각을 했던 것 같아요.

당시 E의 질문은 사뭇 진지한 것이었으나, 모임 구성원들은 이를 민망해하며 웃어 넘기려 하거나, 사후에나 던져야 할 물음으로 치부하며 E를 예민하고 엉뚱한 사람으로 몰아갔다. E의 물음이, 아무런 의심 없이 성경의 여성 혐오 정서를 수용해온 이들의 '의식을 흔드는' 영리한 질문이었다는 방증이다. 여성은 남창을 조심해야 하느냐는 E의 질문은 성경이 여성에게만 죄인의 이미지를 덧씌우고 있다는 사실을 환기하고, 죄의 상징도 여성의 시점에서 재정의해야 한다고 주장하는 '새 지식과 새 언어'였다.

한편 언어를 찾아간다는 것은 감춰져 있던 이야기를 찾아내는 과정이기도 하다. 앞서 잠시 소개했던 F, G, H, I는 2016년을 기점으로 조직된 믿는페미에 소속되어 있다. 이들은 2017년부터 교회의 변화를 위한 크리스천 페미니

174

즘 운동을 전개하면서 교회의 문제를 직시해오고 있었다. 무엇보다 여성들을 둘러싼 수많은 차별과 불평등을 알리고, 다양한 매체를 통해 연대와 대안을 만드는 놀라운 일들을 이어가고 있다.

이들은 2018년 교회 여성들의 모임으로서 첫 자체 수련회를 열었다. 수련회의 모든 순서들이 인상적으로 느껴졌지만, 무엇보다 당시 사사기 11장 30~40절을 본문으로 나누었던 설교 메시지가 '신선한 충격'을 안겨주었다. 구약시대에 입다라는 장수가 있었다. 어느 날 그는 전쟁에서 이기기를 염원하며 하나님께 서원 기도를 했는데, 그 내용인즉슨 만약 전쟁에서 승리한다면 가장 먼저 자신을 맞으러 나오는 자를 번제물로 태워 바치겠다는 것이었다. 그러나 불행하게도 개선하고 돌아오는 그를 가장 먼저 맞이한 이는 그가 더없이 아끼던 외동딸이었다.

"딸아, 네가 나를 괴롭히는구나."

입다의 딸이 번제물로 바쳐지게 된 위기 상황에 성경은 이렇게 말합니다. "아버지 입다는 주님께 서원한 것을 지켰고, 그 딸은 남자를 알지 못하는 처녀의 몸으로 죽었다." 고작 그 한 줄만 남기고 입다의 딸은 성서에서 영영 사라졌습니다. 여기에는 그 어떤 도우심도 없었습니다. 하나님은 이삭의 때처럼 따로 번제물을 준비해두지도 않으셨습니다. 그 딸의 이름은 단 한 번도 불린 적이 없기에, 우리는 그의 이름도 알 수 없습니다. 이 거대한 비극에 대해 어떤 에필로그 격의 이야기가 더 있어야 할 것 같지만, 성경은 딸을 죽인 입다가 그후 어떤 공적을 성취했는지 기술할 뿐입니다.

여성이고 페미니스트이면서 동시에 신앙인인 여러분. 그 정체성을 가지고 살아갈 때 얼마나 많은 갈등을 겪고 계십니까. 교회 구조 안에 있는 것이 우리에게는 괴로움의 연속입니다. 특히 이런 구절들이 담긴 성경을 읽을 때가 그렇습니다. 성경이 그것을 기록한 사람들의 신앙고백이 담긴 텍스트라는 것을 이해한다면, 성경에는 구석구석에 이렇게 차별적이고 편파적인 시선으로 쓰인 저열한 기록들이 존재한다는 한계 또한 인정해야 합니다. 아브라함의 아들 이삭에 대하여는 하나님이 적극적으로 개입하여 목숨을 살리고 그를 통해 그의 가문을 믿음의 조상으로 세워갔다고 고백한 이스라엘 사람들은 입다의 딸, 이름을 알 수 없는 그를 통해서는 오직 입다의 승리, 입다의 고뇌, 입다의 믿음만을 높였으며, 그 죽음은 고작 한 줄로 요약하는 것만으로 충분했던 것입니다.

(…) 주목할 것은, 이 편파적인 기록 가운데서도 입다의 딸은 흔적을 남겼다는 것입니다. 그는 죽기 전에 한 가지를 요청합니다. 그것은 산에 올라가 두 달 동안 친구들과 함께 애통하게 해달라는 것이었습니다. 그들은 여성들, 가까운 말로는 자매들이었습니다. 입다의 딸은 자매들과의 연대를 구축합니다. 성서는 "실컷 울었다"고만 기록하고 있지만, 그들이 어떠한 이야기를 나누고 어떤 연대의 끈을 만들었는지는 모를 일입니다. 그 방증이 입다의 딸이 죽은 후, 그 자매들이 만든 관습입니다. 함께 읽은 본문에서 증언하듯, 그 후로 이스라엘 여성들은 해마다 산으로 들어가 나흘 동안 입다의 딸을 애도하며 슬피 울었습니다. 처음에는 입다의 딸이 죽기 전 그와 동행했던 여성들뿐이었겠지만, 그 수는 점점 늘어났을 것입니다. 대대로 이어졌을 것입니다.*

성경에 따르면 입다의 딸은 번제물로 바쳐져 죽임당

---

* 「여성주의 예배 설교문」, 믿는페미 웹진 《날것》 32호.

했다. 그때 하나님은 그를 돕지 않으셨다. 이삭 때에 그러했던 것처럼 그를 대신할 번제물도 준비해두지 않으셨다. 하지만 앞서 살펴본 설교는 다른 관점에서 그의 삶을 재해석하고 있다. 그저 한 남성의 서원을 이루기 위한 도구로 죽임당한 줄 알았던 여성이 성서에 남겨놓은 '흔적'이 있었다는 것. 그것은 바로 당대 여성들이 이룬 깊은 애도의 연대였다. 성경의 한계와 문제 속에 감추어져 있던 성경 속 여성 서사였다.

이러한 설교 텍스트를 읽는 것만으로도 깊은 울림과 위로를 경험하게 되지 않는가? 이제 우리는 성경 속 여성들의 이야기를 재해석할 수 있다는 가능성을 보게 되었다. 이제는 새 지식과 새 언어를 가진 이야기꾼들이 더 많이 나와야 할 때이다. 성경을 기록한 사람들뿐 아니라, 기록에 참여하지 못한 수많은 타자들의 존재 가치까지 인정받아야 한다. 이들 또한 하나님의 형상으로 지어진 '목소리'를 가진 자들이기 때문이다. 그렇게 우리 안에서 더 많은 것들이 발화될 때, 교회 내에서 타자에 머물러왔던 여성들의 지위도 차츰 복원될 것이라 믿는다.

리베카 솔닛은 말했다. "목소리란 단순히 입 밖으로

나오는 소리만을 의미하는 게 아니다. 그것은 입을 여는 능력, 참여하는 능력, 스스로 권리를 지닌 자유로운 인간으로 여기고 남들에게도 그렇게 인식될 능력까지 다 포함하는 것이다."* 내가 만난 교회 여성들의 '목소리'는 지금 당장 교회 내에 직접적이고 전면적인 변화를 일으킨 것은 아니지만, 여성혐오 문제를 해석하며 논의의 장에 참여할 수 있는 능력이 있음을 보여주고 여성 또한 존중받을 권리가 있다고 주장하는 용기 있는 말들이었다. 빼앗긴 권리를 찾아나가는 여정의 한가운데에서, 지금도 새 이야기를 쓰고 있는 여성들의 모습을 계속 소개해보고자 한다.

* 리베카 솔닛, 김명남 옮김, 『여자들은 자꾸 같은 질문을 받는다』, 창비, 2017, 39쪽.

지지 집단과 함께 열어가는
새 모임

나를 무한히 신뢰하고 뜻하는 바를 온전히 지지해주는 사람이 곁에 있는가? 만약 그런 이들이 있다면, 우리는 자긍심을 느끼는 것은 물론 뜻하는 바를 이루는 데 있어서도 용기를 갖게 될 것이다. 이것이 바로 '지지 집단'이 주는 효과이다. 지지 집단이 여성들의 삶에 미치는 긍정적인 영향력은 상당하다고 볼 수 있다. 여성학계에서는 일찍부터 이 주제를 탐색해왔고 한 연구자는 이것을 '삶을 재해석해내는 자원'으로 설명하고 있다. 즉 지지 집단이 상호 지지와 격려, 치유의 과정을 만들고, 그 지점에서 새로운 역할 모델이 제시되어 삶을 재해석하는 자원이 된다는 것이다.*

믿는페미는 과거 매달 페미니즘에 대한 책을 읽고 논의하는 '책모임'을 진행했는데, 교회 여성들은 이 모임 안에서 서로를 지지하며 자신의 경험 세계를 온전히 나눌 수 있었다.

> **G의 말** 개별 교회에서 각기 하나의 점으로 존재하는 여성들이 모일 수 있는 공간을 마련했으면 좋겠다는 생각을 해요. 그 일환으로 책모임도 했었고, 행사를 열기도 했죠. 중요한 건 안전하게 이야기할 수 있는 공간이에요. 그런 점에서 책모임은 책 이야기 외에도 그와 관련된 자신의 경험들, 풀리지 않았던 의문들을 나눌 수 있다는 점에서 큰 힘이 되고 카타르시스까지 느끼게 해요. 나 혼자만 그렇게 생각했던 게 아니라는 것을 깨닫게 되는 거죠.

묵혀두었던 가슴속 이야기를 꺼내놓는 것만으로도 치유를 경험하고, 공감을 담은 끄덕임 하나만으로도 깊은 위로를 느끼게 될 때가 있다. 이들에게 책모임은 개개인을

---

* 허정은, 「여성 한부모의 힘기르기(empowerment)와 지지 집단 형성 과정에 관한 연구」, 이화여대 여성학과 석사학위논문, 2002.

향하는 판단과 비난에 대한 두려움을 내려놓고 자신의 경험을 솔직하게 털어놓을 수 있는 '안전한 공간'이었다. 이들은 교회 내에서는 마치 하나의 점과 같은 작은 존재이지만, 이곳에서는 함께 모여 서로를 지지하는 연대의 공간을 꾸려갔다.

지지의 공간에 대해 이야기하기 전, 한 가지 생각해보아야 할 것이 있다. 나는 평소 내가 생각하는 바를 솔직하게 털어놓는 사람이었는가? 친밀한 사람에게조차 그것을 어렵게 느끼지는 않았는가 하는 말이다. 여성에게 요구하는 기준이 확고한 사회에서, 프레임과는 동떨어진 생각을 가진 여성들이 솔직한 이야기꾼이 되기는 결코 쉽지 않다. 결국 사회로부터 인정받고 수용되기 위해서, 평판이 나빠지는 것을 피하기 위해서, 진취성, 주체성과 비판의식을 숨기고 진짜 자신과는 다른 모습으로 '코스프레'를 하기도 한다.

마치 사회를 통솔하고 있는 듯한 이 젠더 기준 앞에서, 사람들은 자신도 모르는 사이에 스스로는 물론 타인까지도 통제하고 검열한다. 학자 거다 러너(Gerda Lerner, 1920~2013)는 가부장제 사회에서 여성들에게 씌워졌던

'베일'과 연관된 여성 통제 문화를 이야기했다. 역사 속에서 베일은 단순히 여성의 머리를 가리거나 몸을 가리는 천의 용도를 넘어, 여성을 구별하는 수단으로 사용되어왔다는 것이다. 과거, 혼인을 하여 한 남성의 보호를 받고 성적으로 종속된 여성은 베일을 쓰게 되어 있었으며 이것이 '존중받을 만한 여성'의 표식이 되었다. 그러나 남성의 보호와 성적 통제 아래 있지 않은 여성들은 '공공의 여성들 public women'로 여겨져 베일을 쓰지 않았다. 학자는 베일이 존중받을 만한 여성과 존중받을 수 없는 여성을 뚜렷하게 구분 짓는 남성 중심 사회의 여성 통제를 보여주는 매개체라고 강조한다. 먼 과거의 일이지만 단순히 우리와는 무관한, 이질적인 이야기로 생각되지는 않는다. 정말 우리에게는 베일이 없을까? 거다 러너 또한 이러한 '강압적인 시각적 차별 유형'은 비단 베일만이 아니라고 지적한다. 시간의 흐름에 따라 그 형태만 달라질 뿐, 역사 전반에 걸쳐 '평판이 나쁜 여성들'을 분명하게 알아볼 수 있도록 하기 위한 기호와 규제들은 무수히 반복·재생산되고 있다는 것이다.*

* 거다 러너, 강세영 옮김, 『가부장제의 창조』, 당대, 2004.

그렇기 때문에 내내 억압과 통제를 경험했던 여성들에게 지지 집단이 갖는 의미는 단순한 모임과 연대 그 이상일 수 있다. B의 이야기를 들어보자. 그는 독특하게 교회 내에서 지지 집단을 만들어간 케이스였는데, 그 배경 또한 책모임이었다. 대학에서 처음 여성학 수업을 접하며 변화를 맞이한 그는 다니고 있던 교회 여성 청년들에게 "함께 페미니즘 공부를 하고 싶다"고 이야기하며 책을 추천하거나 SNS 페이지를 알려주기도 했다. 물론 불편해하는 사람들도 있었지만, 차츰 마음을 같이하는 사람들이 모여 모임이 이루어졌다.

> 알고 보니 저 같은 사람이 한둘이 아니더라구요. 물론 여자 청년들 전부 다 그런 건 아니었지만⋯⋯. 모임의 규모는 한 열 명 정도예요. 그렇지만 저희 교회 청년부 전체 인원이 팔십 명 정도라는 걸 생각하면, 결코 적다고 볼 수는 없죠.

독서 토론으로 시작된 모임이었지만, 어느새 서로를 신뢰하는 지지 집단으로 자리 잡았다. 모인 이들은 서로를 알아보았다. 각자 그간 교회 내에서 겪어왔던 차별과 혐오 경험을 나누며 아픔과 문제의식에 공감하였고, 어떻게 교회 내에서 실제적인 성 평등을 실현해갈 것인가라는 방법적인 차원까지 고민했다. 열 명으로 시작된 여성들의 모임은 서로를 끌어주며 교회 내 가시적인 변화를 위한 담금질을 시작했다.

그즈음 청년부에는 새로운 남성 목사가 부임했다. 목사는 이들의 이야기에 동의하며 교회의 변화를 위한 운동에 함께하고자 했다. 너무나 이례적인 일이었다. B는 목사와 함께 청년부 페미니즘 공부 1기 모임을 조직하게 되었다.

어느 날 목사님이 페미니즘 책을 읽고서 감명하신 거예요. 사실 남자가 페미니즘 책을 읽고 깨닫는다는 것만으로도 정말 힘든 일인데, 거기서 더 나아가 교회 내에서 페미니즘 운동을 해야겠다고 마음먹으셨어요. 그래서 페미니즘 공부를 하고 있는 사람들에게 연락하셔서 "교회 내에 공부 모임을 만들려고 한다. 근데 나는 잘 모르는 부분이 많으니까 너희가 나를 도와달라"고 말씀하셨어요. 그렇게 처음으로 교회 내에서 공식적인 페미니즘 공부 모임을 시작하게 되었죠.

공부 모임 1기 멤버들은 목사님을 빼면 모두 여성이었다는데, 모임을 시작하는 과정에서 약간의 분란이 일어나기도 했다. 페미니즘 공부 모임이 시작되기 전까지 그 시간에는 성경 공부 모임이 진행되었다. B는 기존 성경 공부에 참여해왔던 남성 청년들이 페미니즘 공부 모임에도 참여해줄 것이라 여겼지만, 이들은 모두 참여하기를 꺼렸다. 그 모습을 보면서 B는 신앙의 의미를 다시금 돌아보게 되었다고 했다. 그에게 신앙은 타자의 고통과 결코 동떨어질 수 없는 것이었다. 그에게 페미니즘 공부 모임은 성 평등한 교회 문화를 만들기 위한 목적 외에도 아픔을 가진 사람들의 삶에 함께한다는 점에서 가치가 있었다. 그는 이것이 곧 신앙의 실천이라고 생각했다. 그러나 이러한 실천은 외면하면서 그저 교회를 열심히 출석하고 내부 봉사 활동에 전념하는 것만으로 믿음 있는 사람으로 인정받는 것을 보며 뭔가 잘못되었다고 생각하게 되었다.

B의 관점은 예수님의 시선과도 맞닿아 있다. 예수님은 아픔과 억압을 경험하는 사람들 곁에 함께하셨다. 그분의 관심과 시선은 우리가 알고 있는 것 그 이상으로 일상을 파고드는 것이었다.

목수인 예수가 농부의 일까지 자세히 아는 것이 사뭇 놀랍다. 예수는 잔꾀를 부리는 집사와 부정직한 농부 이야기 등 세상사를 잘 안다. 어디 그뿐인가. 여인의 일상, 어린이의 놀이까지 모르는 게 없다. 사람 사는 각종 이야기를 속속들이 아는 예수가 놀랍다. 사기꾼 이야기에서 어둠에 싸인 뒷골목 이야기까지 어찌 그리 잘 알까. 우리 시대 종교인과 신학자는 예수처럼 세상살이를 잘 아는가.*

한 신학자는 세상살이를 잘 알고 사람들의 일상에 주목하셨던 예수님의 모습을 조명했다. 그분은 현실에 발을 딛고 계셨기에 어려움과 억압 속에 갇힌 사람들 가운데 함께하실 수 있었다. 특히 여성을 바라보는 예수의 시선은 당대의 기준과 판단을 뒤흔드는 것이었다. 남자와 여자에 대한 예수의 가르침은 당시 사람들에게는 너무나도 파격적이었다.

우리 입장에서는 여성의 권리가 너무나 당연한 일이기 때문에, 당시 예수의 행동이 얼마나 파격적인 것이었는

---

*　김근수, 『가난한 예수』, 동녘, 2017, 239~240쪽.

지가 쉽게 와닿지 않는다. 그러나 성경과 당시 유대 문학, 랍비 문서 들을 살펴보면, 예수 시대의 유대인은 여성에 대해 엄청나게 부정적인 태도를 가지고 있었음을 알 수 있다. 이런 상황 속에서, 결코 남성성을 과시하지 않으며 그 가르침 안에도 반드시 여성의 이야기를 담아내는 랍비가 나타났다. 예수는 남자에게는 다중혼을 허용하지만 여자에게는 그러지 않았던 문화 속에서 남자와 여자 모두를 향한 하나님의 본래 의도를 밝히며 일부일처제를 주장하셨다. 그의 제자들조차 이 가르침에 너무 놀라, 차라리 결혼하지 않는 것이 낫겠다고 말할 정도였다. 여자가 선생이 되거나 법정의 증인이 될 수 없었던 시대에 주님은 여자들로 부활의 첫 증인이 되게 하셨다. 신약성경에는 이런 이야기가 정말 많다. 사복음서에서 예수님이 여자를 언급하는 구절은 무려 633곳에 이른다.* 여성들에게 가혹하고 불평등하기 그지없던 당대의 문화 속에서도, 예수님은 창조의 본래 의도대로 여성들을 인격으로 대하셨으며, 여성들의 구체적인 삶의 정황 속에 다가서며 남녀가 존재적으로 동등함을 설파하셨다. 우리 주님은 그런 분이셨다.

** 메리 스튜어트 밴 르우윈, 앞의 책, 54~55쪽.

다시 B의 이야기로 돌아가자. B의 페미니즘 공부 모임은 어떻게 되었을까? 우여곡절 끝에 여성들만으로 구성된 1기 모임이 시작되었다. 모임은 페미니즘 서적을 함께 읽고 토론하는 형식이었는데, 책을 읽은 소감을 나누는 가운데 자연스럽게 모임 참여자들이 겪어왔던 차별과 배제 경험이 공유되었다. 두 시간으로 정해져 있던 모임이 네 시간이 되도록 끝나지 않는 상황이 벌어졌고, 이들은 오랫동안 가슴에만 담아두었던 이야기들을 꺼내놓는 새로운 경험을 할 수 있었다. 나아가 서로 지지하면서 기존에 교회 내에서 말하기 어려웠던 사안에 대한 공적 논의를 시작할 수 있는 힘을 길러가고 있었다.

2기 모임에는 목사의 권유로 남성 청년 세 명도 함께하게 되었다. 이때는 사회의 성 불평등 이슈와 교회 내 성차별 문제도 본격적으로 다루었다. 그런데 아무래도 논쟁적인 주제이다 보니 경험과 의견을 공유하기보다는 성별 간의 대립 양상으로 흘러가는 경우가 많았다고. 그중 가장 쟁점이 되었던 주제는 '메갈리아'와 '미러링'이었는데, '미러링이라는 수단이 적절한가'를 놓고 격렬한 토론이 벌어졌다. 남성 청년들은, 여성들이 사용하는 수단 자체가 올바르지 않기 때문에 어떤 의의도 갖지 못한다고 입을 모았다. 더불어 미러링이 오히려 분란을 가중한다고 보았다. 이들은 최근 한국 사회에 나타난 페미니즘의 방향 자체가 잘못되었다고 지적했는데, 이전에는 남성들이 페미니즘에 적어도 반감은 없었는데, 미러링 이후로는 오히려 성별 간 대립 구도가 형성됐다는 것이다. 이에 B와 모임의 여성 구성원들은 미러링의 의미를 차근차근 설명해나갔고, 청년부 담당 목사 역시 본인이 겪었던 내적 갈등과 함께 현재의 정리된 생각을 이야기해주었다.

'너희들도 인정하지 않았냐, 메갈리아 이전에는 페미니즘에 관심 없었다고. 그전부터 쭉 페미니즘 운동이 진행되었지만, 사회에서 전혀 반향을 일으키지 못했다. 아무래도 미러링이 과격한 부분이 있지만 솔직히 그랬기 때문에 이슈가 될 수 있었고, 메갈리아를 기점으로 한국 사회에 페미니즘이 부상했다고 해도 과언이 아니다. 우리는 그게 메갈리아와 미러링의 의의라고 생각한다'라고 계속 설명했죠. 그런데도 오빠들은 절대 받아들이려고 하지 않더라구요. 그렇게 같은 말만 반복되는 논쟁이 이어지고 절대 접점이 형성되지 않으니까 결국 목사님이 나서셨어요. 목사님도 처음에는 미러링이란 방식이 너무 불쾌하게 느껴지셨대요. 혼나는 느낌이 들고…….

그런데 찬찬히 생각해보니 약자의 언어는 언제나 공격적일 수밖에 없지 않나, 하셨대요. 장애인분들이나 노동조합의 시위는 과격한 방식으로 이루어질 때가 많잖아요. 높은 곳에 올라가기도 하고…… 그렇게 하지 않으면 봐주지 않으니까요. 그래서 목사님은 미러링을 그런 시각으로 생각하기로 했다고 하셨어요. 다른 형제들도 그런 방식으로 생각해보면 좋을 것 같다고 말씀하시면서…….

억압과 차별, 아픔의 경험들이 쌓이고 쌓이다 결국 폭발적으로 분출하듯, 그동안 여성들이 경험해왔던 어려움도 미러링이라는 강하고 능동적인 언어가 되어 표출되었다는 것. 페미니즘 공부 모임은 남성들에게도 그 의미를 깨우쳐주며 오늘날 페미니즘 운동이 갖는 힘을 설명해나갔다. 비록 모두가 완전히 수긍하는 분위기는 아니었지만, 그 후 모임의 효과는 다양하게 나타났다.

하루는 모임에서 우리나라의 남성적 기업 문화와 여성 경력 단절 문제의 심각성, 여성 실업률 지표 등에 관한 이야기를 나누었는데, B는 이 자리에서 함께한 남성 청년들의 이해와 동의를 이끌어내는 데 성공했다.

회사원 오빠였는데, 그 오빠가 다니는 회사가 굉장히 남성적 기업 문화가 강한 곳이거든요. 그런데 이제까지 그걸 자각하지 못했던 거예요. 제가 "그러면 오빠는 오빠네 회사가 성 평등하다고 생각해요?"라고 물었더니, 분명히 자기보다 먼저 입사했는데 직급은 더 낮은 여자 선배 이야기를 하면서, 생각해보니 사십 대 이상의 기혼 여자 선배들이 통 안 나오는데 거기에 대해서 깊이 생각해본 적이 없었대요. 원래 부서 자체가 남초 부서이기도 하고……. 그래서 제가 다시 "오빠네 부서가 남초 부서인 것도 생각해보면 다 남자가 사회 기득권층이기 때문에 가능한 일 아니에요? 그냥 대기업 사무직인데, 딱히 남자만 할 수 있는 업무인 것도 아니잖아요. 그냥 무역쪽 일이니까 남자가 많을 수밖에 없다, 하는데 그것도 굉장히 성차별적인 생각이에요"라고 하니까, 그렇구나, 그렇구나, 하면서 인정했어요. 동일한 조건인데 여자 사원이 더 적다는 건 문제이고, 기업들이 여자를 더 많이 채용해야 한다고요.

B는 남성들이 그래도 모임을 통해 페미니즘에 대해서 제대로 알고 대화의 폭을 넓혀가게 된 것 같다고 평했다.

이들의 페미니즘 공부 모임은 한층 더 능동적인 형태

로 발전했다. 특별히 교회 내 성 평등 문화를 어떻게 열어 갈 것인가를 고민하던 중, B는 교회 내 여성혐오와 성차별이 성경 해석과 연결되는 지점이 크다고 보고 방안을 생각해냈다. 바로 성경을 해석하는 또 다른 시각을 가르칠 수 있는 전문가를 초빙하는 것이었다. 청년부 담당 목사는 이를 적극적으로 지지하며 큰 힘이 되어주었다.

이들이 초빙한 전문가는 시대에 따라 달라질 수 있는 내용은 진리가 아니기에 현시대와 사회적 맥락에 따라 다시 검증하고 해석해야 한다고 역설했다. 청년들은 특강을 통해 이제까지 맹목적으로 받아들여왔던 성경 구절을 새롭게 바라보는 시각을 얻게 되었다. B 또한 성경을 읽다가 이해할 수 없는 부분이 생기면 바로 목사를 찾아가 묻게 되었다고 했다. '내가 틀렸겠거니' 하며 억지로 수용하려 하지 않고, 의문이 생기면 그 의미를 재차 탐색하는 과정을 밟게 되었다고.

이러한 주도적인 노력들은 B의 내면에 긍정적인 변화를 가져다주었다. 그것은 교회에 대한 애착이었다. 그전에는 설교가 아무리 여성혐오적이라 해도 '그것이 하나님 말씀'이라고 선포되는 순간, 반박의 여지가 완전히 상실되곤 했다. 그리고 그러한 부당함을 참지 못한 여성들은 결국 스스로 교회를 떠나가야 했다. 그러나 신앙에 대해 새로운 앎을 얻게 되자 여성들은 스스로 교회에 다가서고 공동체를 더욱 사랑할 수 있게 되었다. B는 자신이 그러했던 것처럼 교회 내 페미니즘 운동은 교회로부터 멀어졌던 많은 사람들이 다시 교회로 한 발짝 다가가는 계기가 될 수 있을 것이라고 의미를 두었다.

청년부 내에서도 보다 실제적인 변화의 움직임이 감지되었다. 그간 청년부에는 이십 대 후반 남성 청년들이 이십 대 초반 여성들을 외모로 순위를 매겨 '귀요미 1·2·3호' 등으로 호칭하는 일들이 관습적으로 일어나고 있었다. B는 이를 여성들을 마치 기쁨조처럼 여기고, 외모로 분류하여 대상화하는 전형적인 여성혐오라고 생각해 왔으나, 이러한 행동들이 마치 놀이처럼 치부되는 분위기 속에서 이렇다 할 항변을 하지 못했었다. 하지만 페미니즘 공부 모임이 생기고 페미니즘을 주제로 한 공적 논의들이 발생하자 전반적인 분위기 자체가 달라졌다. 해당 남성의 언사에 불쾌감을 느끼는 등 피해를 입은 여성 청년들이 직접 당사자를 찾아가 그와 같은 행동을 그만둘 것을 종용하게 된 것이다.

그렇게 불림당하던 아이가 그전까지는 그 오빠가 하는 대로 내버려두다가 교회에 페미니즘 이슈가 부상하니까, 직접 가서 따지더라구요. "오빠 나 사실 되게 불편했는데 여태까지 말을 못 했다. 이제부터 그렇게 부르지 않았으면 좋겠다." 그렇다고 그 애가 페미니즘 공부 모임에 엄청 적극적으로 참여하는 친구는 또 아니었거든요? 조금 불편할 때도 있었고요……. 그런데 그래도 반박할 수 있는 분위기가 형성되어서 좋다고 말해주었어요. 괜히 분위기를 깨는 건 아닐까, 걱정되어서 이제까지 혼자 속만 끓였는데, 이제는 내가 문제를 제기하면 언니들이 같이 화를 내주고, 목사님도 "그런 상황에서 불쾌한 것은 당연한 거고 네 잘못이 아니다. 네가 불쾌한 것은 말하는 것이 좋다"고 지지해주시니까…….

문제의 남성 청년은 청년부 내에서도 분위기를 주도하는 대표 격의 인물이었다. 그런 그의 행동을 지적하는 것은 결코 쉽지 않은 일이었지만 여성들은 함께였기에 용기를 낼 수 있었다. 서로 지지하고 때로는 함께 분노해줄 수 있는 사람이 존재한다는 믿음이 가진 힘을 보여주는 사례이다. 구성원 모두가 페미니즘의 지향에 온전히 동의하지는 않을지라도, 교회 내 성 평등을 만들어가려는 노력은 모두에게 유익하다.

B와 그의 교회 구성원들이 이끌어온 과정들은 교회 내 여성혐오 문화를 바꾸어가려는 노력이 계란으로 바위 치기가 아니라는 것을 보여준다. 결코 불가능한 일이 아니다. B의 교회 여성들은 마음과 마음을 맞댄 하나의 지지 집단이 되었으며, 자신들의 집단 안에만 머물지 않고 교회 공동체 차원으로 뻗어 나갔다. 때로는 새로운 지식을 전달하는 사람으로서, 때로는 성경을 해석하는 새로운 관점을 제공하는 안내자로서 역할하기를 주저하지 않은 것이다. 물론 B의 교회에는 상황적 특수성이 있긴 하였다. 교회 내 성차별을 읽어내고 페미니즘의 지향을 받아들이기 원했던 보기 드문 남성 목회자가 리더의 위치에 있었다는 것. 하지만, 그렇지 않다 해도 능동적인 노력이 있다면 변화를 향한 도약은 충분히 가능하다. 여성혐오 문화를 바꿔내고자 하는 교회 여성들의 의지와 실천은 이미 교회 내에서 작지만 큰 변화를 이끌어내고 있다.

콘텐츠를 통해
새 장을 여는 여성들

초기 믿는페미 모임은 F와 다른 두 명의 구성원으로 이루어졌다. 이들은 기독교 연구소 단체를 통해 페미니즘 책모임과 팟캐스트 녹음에 참여했던 경험을 가지고 있었다. 특히 F는 기독교 여성 단체에서 연구원과 활동가로 일하면서, 과거 크리스천 여성 단체들이 여성운동을 펼쳐왔다는 것을 알게 되었지만, 그저 '올드한 선배들의 운동'이라고만 생각해왔다. 그러던 중 당시 젊은층 사이에서 떠오르던 팟캐스트라는 플랫폼을 접하게 되었고, 직접 패널로 참여하면서 새로운 운동력을 경험하게 되었다.

그간 F는 소위 '운동'이란 늘 자본을 필요로 한다고 생각해왔다. 그러나 팟캐스트가 자본 없이 운동할 수 있는 플랫폼으로서 부상하자, 당시 F가 몸담고 있던 연구소에서도 팟캐스트 방송을 시작했다. 여성 패널들이 여성에 관한 책을 읽고 토론하는 방송이었는데, 녹음 자체가 쉬운데다 굉장히 재미있어서 F는 '나도 충분히 영향력 있는 운동을 만들어갈 수 있겠다'고 생각했다고 한다.

또한 당시 연구소는 웹진을 발행하였는데, 그중 「여자가 무슨 목사?」라는 칼럼이 많은 이들의 공감을 얻으며 폭발적인 인기를 끄는 일이 있었다. F에게는 여성의 눈으로 교회를 '읽어버리려는' 웹진의 시도들이 신선하고 재미있게 다가왔다. F는 젊은층이 흥미롭게 향유하는 콘텐츠 형태 안에 의미 있는 주제들이 담길 때 강력한 시너지가 발생한다는 것을 알게 되었다.

그리하여 2017년 3월, 이들은 웹진과 팟캐스트라는 장르를 활용하는 새로운 시도를 시작했다.

모여서 우리가 뭘 할 수 있을까, 고민하다가 우선 '믿는페미'라는 이름부터 정했어요. 트위터랑 페이스북 계정을 열고 '우리는 이런 사람이고 어떤 고민이 있어서 크리스천 페미니즘 운동을 하려고 합니다'라는 티저 웹진만 내보냈을 뿐인데, 반응이 굉장히 폭발적

이었어요. 며칠 동안 밤새 휴대폰 댓글 알림이 울리는데 저에게도 정말 즐거운 경험이었어요. 어떤 분들은 리트윗하시면서 "믿는페미라니 눈물이 날 것 같아요"라고 하시더라구요.

SNS에 올린 티저 영상을 향한 이삼십 대 여성들의 열렬한 지지와 공감을 기반으로, 이들은 본격적인 크리스천 페미니즘 운동 콘텐츠를 만들어나갔다. 팟캐스트도 그중 하나였다. 당시 이들의 방송은 사전에 익명으로 교회 여성들의 사연을 받고 거기에 응답하는 형식이었으며, 주제는 이제까지 교회에서 거의 금기시되어왔던 젠더 이슈가 중심이 되었다.

I의 말 어떤 주제를 다루면 좋을까 하다가 데이트폭력, 가정폭력, 성폭력 등 여성에 대한 폭력과 여성의 몸, 생리, 혼전순결, 섹스 등 교회에서 기존에 금기시하던 젠더 이슈나 기존에 사적이고 은밀한 것으로 치부되던 이야기들을 다뤄보기로 했어요.

청취자들이 보내준 사연은 그들이 교회 내에서 직접

겪었던 차별과 고민, 곧 현실의 목소리 그 자체였기 때문에 너무나 생생했다. 여름 수련회 때 목사가 "요즘 여자애들이 너무 짧은 옷을 입고 다니는데, 그러면 안 되지만 목사님은 고맙다"고 농담처럼 말했다는 이야기에서부터, 오랫동안 자신을 학대해온 아버지를 신앙의 이름으로 용서하고 다정히 대할 것을 교회로부터 강요받았다는 아픈 상처까지. 또 데이트폭력을 주제로 사연을 접수했을 때는 피해 사례의 절반 이상이 신학생들에 의한 성폭력이었다고 했다. 자신의 아픔을 털어놓을 수 있는 장이 마련되자, 그간 신앙이라는 미명 아래에서 가슴앓이해왔던 여성들은 터뜨리듯 자신의 이야기를 풀어놓았다. 그리고 믿는페미 구성원들은 온 마음 다해 공감하며 성심성의껏 이들의 사연에 응답했다.

그러나 이러한 방식은 곧 믿는페미에게 또 다른 고민을 가져다주었다.

I의 말 아무래도 크리스천 여성들이 죄책감, 분노, 혼란 등으로 점철된 복잡한 감정선을 가지고 있기 때문에 사연 자체도 굉장히 묵직할 때가 많았어요.

H의 말 사실 믿는페미의 신학적인 노선이나 가치관은 열려 있어요. 그런데 사연을 보내주시는 분들은 꼭 성경적인 답을 원하시더라구요. 가령 나는 혼전순결을 지키지 못한 것에 대해서 죄책감을 느끼는데, 혼전순결을 지켜야 한다는 사람들은 이러이러한 성경 구절을 주장의 근거로 삼는다, 이에 대응할 수 있는 성경적인 방어책은 무엇인가, 그런 거요. 심지어는 "예수님이 가정폭력을 하지 말라고 말씀하신 적 있나요?" "데이트폭력에 대한 성경 구절이 있나요?" 이런 사소한 것들까지 일일이 물어보는 거예요. 저희도 처음에는 다 찾아봤죠. 하지만 결국 한계가 있었고, 이런 생각이 들더라구요. 대체 교회에서 사람들을 어떻게 가르쳐왔길래 이렇게 어린아이 같은 모습들이 나타나나. 그런 거 하나하나 다 신경 쓰면서 불안해서 어떻게 살 수 있겠어요.

사연 신청자들은 믿는페미의 팟캐스트 방송을 통해 개인적인 아픔과 고민에 대한 '해답'을 찾고자 했다. 즉 기존 교회의 성경 해석 틀 안에서 자신의 문제를 '죄'가 아니라고 규정할 수 있는 근거를 찾기 원했는데, 그것은 결국 그들이 기존에 교회 내에서 듣고 배워왔던 보수적인 관점을 조금도 벗어나지 않는 것이었다. 그러나 믿는페미 활동가들의 신학적 지향 중 하나가 성서의 문자적 맥락에 갇히지 않으면서 여성의 경험과 시선을 중요하게 다루는 여성주의 신학이었기에, 성경의 문맥 안에서 해답을 찾아주는 방식과는 분명 거리가 멀었다.

믿는페미의 고민은 더욱 깊어졌다. 오랫동안 교회에서 특정한 성경 해석 방식을 접해온 교회 여성들은 오히려 믿는페미에 입문하기가 쉽지 않을 것이라는 생각이 들었기 때문이다. 결국 팟캐스트의 소재와 운영 방식에 변화를 주기로 했다. 현재 믿는페미 팟캐스트는 사연에 답변하는 형식이 아니라, 패널들이 하나의 이슈를 중심으로 이야기를 꾸려가는 방식으로 진행된다.

이처럼 여러 시행착오가 있었지만, 이들의 이야기는 교회의 남성 중심적 문화 속에 감추어져 있던 여성들의 아픔을 현실 논의의 장으로 끌어왔다는 것만으로 의의가 있으며, 분명 새로운 힘의 등장을 보여주는 것이었다고 평할 수 있다. 믿는페미는 자신들의 팟캐스트 방송을 '연대'와 교회 내 젠더 폭력에 관한 '현실 자각' '고발과 지지의 창구'로 의미 부여하고 있었다.

H의 말 하루는 데이트폭력에 대한 사연을 받았는데 여덟 개 중 네 개 사연의 가해자가 신학생인 거예요. 영혼을 목양한다는 목회자들이 성범죄를 저지르다니 얼마나 파렴치한가, 생각하며 굉장히 큰 충격을 받았어요. 저는 평소에도 교회 내 성폭력 문제에 대해서 관심을 가지고 있긴 했지만, 실제 사연을 다루다 보니 아 이게 비단 옛날 일이 아니구나, 가해 방식이 이렇게나 교묘하구나, 정말 심각하다, 하고 현실을 자각하게 되었어요.

F의 말 저는 교회 여성들이 어디 가서 말하지 못했던 이야기를 우리에게 들려준다는 게 되게 좋더라구요. 마치 무언가 고발할 수 있는 창구처럼요. 또 익명이니까 저희가 같이 화내고 마음 아파하고, 같이 욕도 해줄 수 있잖아요. 무엇보다 사람들이 거기서 위로받을 수 있다는 게 제일 좋았어요. 실제로 나만 그런 게 아니었다는 사실에서 위로를 느낀다는 사람들도 꽤 많았어요.

앞서 이야기하였듯 혐오, 차별, 폭력 등 믿는페미가 다루었던 주제들은 상당히 무거운 편이다. 여성들이 실제로 견뎌야 했던 상처와 아픔이 담겨 있기 때문이다. 그러나 이들의 이야기 안에는 분명 단순히 어둡고 우울한 그림자의 수준을 넘어서는 무언가가 존재하고 있다.

> **H의 말** 지금 있는 패널들은 교회의 무엇을 고발하기 위해서, 폭로하기 위해서, 어떤 사명감이 있어서가 아니라, 정말 내 경험을 이야기할 수 있는 이 공간이 좋아서 참여하고 있는 거거든요. 그렇기 때문에 듣는 사람들도 더 공감할 수 있으리라고 생각해요.

실제로 이들의 최근 팟캐스트 방송을 듣고 있자면, 진지함과 웃음이 공존하는 가운데 마음껏 자신들의 이야기를 풀어놓는 것을 확인할 수 있다. 방송은 어떠한 지식적인 내용을 이야기하기보다는 서로의 진솔한 경험담을 나누는 데 비중을 두는데, 그 안에는 진지함뿐 아니라 웃음까지 담겨 있다. 이제껏 말할 수 없었던 이야기를 들려줄 수 있는 공간, 자신을 지지하고 위로해주는 사람들로 이루어진 안전한 공간을 만났다는 데서 오는 기쁨 때문일 것이다. 이때 듣는 사람들은 밝은 웃음과 진지한 논의 속에서 힘을 얻는 것은 물론 어떤 안정감까지 느끼게 되는데, 화자와 청자를 잇는 경험의 공통성이 만드는 현상일 것이다.

이외에도 믿는페미는 다양한 방식으로 자신들의 생각을 전달하고 있다. 이들은 앞서 언급한 책모임을 통해 오랜 세월에 걸쳐 전승되어온 교회 내 여성혐오에 대한 지식을 얻었다. 그중 하나가 여성의 피 흘림, 즉 생리에 대한 혐오였다. 믿는페미는 2018년부터 2019년까지 기독교 월간지《복음과 상황》의 '믿는페미들의 직설'이라는 코너를 통해 연재 활동을 했다. 해당 코너의 부제는 '오늘, 한국교회 안에서 경험하는 젠더 폭력, 성차별에 관한 이야기'이며, 「남성 하나님이라는 허구에 눈 뜨다」「성역할을 은사라 말할 수 있을까」「부르심calling과 '부리심handling' 사이」「당신의 가족은 안녕하십니까?」 등의 글을 실었다. G는 이 코너에 자신의 월경 경험에 대한 에세이를 기고한 적이 있다고 했다.

신앙이 내가 일상적으로 겪는 월경을 긍정적으로 바라보지 않는다면, 나는 스스로를 온전히 긍정할 수 있을까? 교회가 나를 더럽고, 어딘가 이상하고, 생리할 때 예민한 존재, 생명력이 빠져나가는 존재라고 본다면, 혼자 감당해야 하고 끙끙 앓아야 한다면? 나는 오랜 시간 나의 피가 불결하다고 생각했다. 월경을, 내가 여성이라는 것을 긍정하지 못했던 것에 교회의 책임은 없나? 우리는 피 흘리기 때문에 교회 안에서조차 '2등 시민'이어야 하는가. 이제 교회 안에서 더 자유롭고, 쾌적한, 더 노출된, 긍정적인, 다양한 월경을 꿈꾼다.*

이 글은 월경을 혐오하는 시선에 대한 성서적 단상과 함께, 많은 여성들이 매월 평균 28일을 주기로 5~7일간 월경을 하고 있지만, 이것이 교회의 사역과 행사 기획에 있어 전혀 고려되거나 논의되지 않는 것에 문제 제기한다. 월경으로 인한 어려움이 자연스럽게 묵살당하는 데서 오는 여성들의 고충이 크다는 것이다. 그러면서 무엇보다 교회 문화 속에 깊게 자리해 있는 여성의 피 흘림에 대한 혐오를 새롭게 성찰할 것을 주장한다. 여성의 월경 경험과 교회 문화를 연계하는 것은 그간 찾아보기 힘들었던 시도였다. 그래서 많은 이들의 지지와 공감을 얻기도 했지만, 남성들로부터 엄청난 비난 댓글을 받기도 했다. G가 인용한 학자의 글과 성경 해석의 단상, 심지어는 개인의 경험까지도 다양한 맥락에서 부정하려 애쓰는 댓글들을 보며, H는 여성들이 자기 경험을 털어놓을 때조차 이에 대하여 맞다 틀리다 평가하는 사람들이 너무나 많다고 했다. 그

* 「교회 안에서 자유로운 월경을 꿈꾸며」, 《복음과 상황》, 2018.07.

러나 이처럼 많은 반발이 일어난 것조차 어떤 의미에서는 이 문제가 그만큼 많은 이들의 관심을 받고 있다는 방증이라고 생각한다.

여러 우여곡절에도 불구하고 힘 있게 뜻을 펼쳐가는 믿는페미. SNS와 팟캐스트부터 웹진과 기고에 이르기까지, 이들이 활용하는 매체와 그 영향력은 새롭고 신선하다. 그리고 그 속에서는 여성들에게 밀착되어 있으나 기존에는 드러나지 않았던 교회 내 젠더 현실에 대한 논의가 당당하고 자유롭게 이루어진다. 그것을 마주하는 이들은 단순히 수용하는 데 머물지 않고 공감하고 동의하며 나의 교회와 일상에 또 다른 물음을 던지게 된다. 선순환을 만들어가는 것이다. 이들이 여는 새로운 장은 변화를 만드는 열린 공간이자 서로에게 용기를 주는 연대의 공간이 되고 있다.

여성혐오-free 예배

나는 작년 5월 16일 서울 세종로 대한문 앞에서 열린 야외 예배에 참석했다. 타종과 함께 예배가 시작되고, '여성혐오 범죄 피해자를 추모하는 기도'가 그곳에 모인 이들의 마음을 깊이 울렸다. 그중 한 대목을 소개하고 싶다.

여성이란 이유로 죽임당하고, 폭력에 내몰리는 이들을 기억하시는 하나님! 2016년 5월 17일 강남역에서 한 여성이 죽임을 당했습니다. 단지 여성이라는 사실이 그를 죽음으로 내몰았습니다. 그날 우리는 여성혐오 사회의 민낯을 보고 말았고, "우연히 살아남았다"고 외쳤습니다. 예전으로 돌아갈 수 없음을 선포하며 우리의 일상에 촘촘히 얽혀 있는 여성혐오의 면면을 폭로하고, 연대하며 저항했습니다. 여성들에게 집, 직장, 학교, 일상의 모든 곳은 이곳 강남역과 같습니다. 데이트폭력과 불법 촬영, 성폭력 등 여성을 향한 차별과 폭력, 혐오가 이 사회에 만연합니다. 이 사회에서 여성은 남성의 우월함을 확인해주는 존재로 규정되고, 남성의 욕망을 위해 희생하는 것이 당연시되며, 혐오 폭력을 당한 후에도 잘못을 추궁당합니다. 이러한 폭력과 차별을 방조하고 묵인하는 사회 분위기는 더욱 여성을 억압하고 배제해왔습니다.이제 우리가 이렇게 모여 기도합니다. 여성이란 이유로 죽임당하고, 폭력에 내몰리는 이들을 끝까지 기억하시는 하나님께 부르짖습니다. 우리는 당당한 하나님의 자녀요, 하나님 나라의 꿈을 꾸는 제자입니다. 더 이상 여성이란 이유만으로 위협받으며 살지 않도록 우리 가운데에서, 우리와 함께 더 크게 소리쳐주십시오. 삶이 깨어진 모든 이들에게 주님의 빛을 비추시고, 함께해주십시오.*

---

* '강남역 여성혐오 범죄 3주기, 교회 성폭력 공동체적 해결을 위한 연합예배' 순서지 2쪽을 참조함.

예배를 여는 기도에서부터 여성들이 짊어진 현실의 무게를 절절히 느낄 수 있었다. 피가 뚝뚝 떨어지는 듯한 내용이었지만, 기도는 결연했으며, 고통을 이겨내고자 하는 이들 특유의 강인함과 담담함이 묻어났다. 고통을 그저 멀리서 관조하는 방관자가 아니라, 끝까지 기억하시는 분. 그분께 변화를 간구하는 목소리가 예배 공간을 가득 메웠다. 이 예배는 교회 내 성폭력의 공동체적 해결을 모색하고, 강남역 여성혐오 범죄 3주기를 기리기 위한 목적으로 열여덟 개 단체가 연합해서 만든 예배였다. 믿는페미는 그 준비과정에서 주체적인 역할을 담당했다. 이들은 앞서 1, 2주기 예배도 준비했었다. 1주기 예배는 강남역 10번 출구에서, 2주기 예배는 광화문 세종문화회관 계단에서 각각 드려졌고, 2주기 예배부터는 미투 운동 이후 조명되고 있는 교회 내 성폭력 사건 피해자들을 향한 위로의 메시지와 함께 해결을 촉구하자는 목소리도 담아내었다. 그 모든 준비의 과정 속에 믿는페미의 고민과 지향이 담겨 있었다.

H의 말 예배 안에 여성혐오적이거나 성차별적인 요소는 뭐가 있을까, 그런 예배의 언어와 절차를 집전하는 사람은 누구인가 등을

고민했어요. 기존의 일반적인 예배를 들여다보면 주로 여성은 잘해도 기도 정도만 맡고 설교와 성례 등 다른 모든 중요한 역할은 남성이 맡게 되는데, 우리는 여성이니까 말씀도 여성이 전하고 성찬식도 여성이 진행해보기로 했어요. 찬양도 너무 군사적인 찬양은 피하고요. 그렇게 신경 써서 구성한 예배를 드렸는데, 다들 정말 좋아하시더라고요. 여성혐오에 대한 경계와 두려움 없이 '클린한 예배'를 드릴 수 있어서 좋았대요. 여성에게 목사 안수를 하지 않는 교단에서 온 사람들은 여성 목사가 설교를 하고 성찬을 집례하는 것 자체가 정말 신선했다고 말하기도 했어요. 여성혐오라는 예배 주제에 대해 감동받은 사람들도 많았고요

여성 목사가 집전하는 성찬식을 경험해본 적이 있는가? 나는 스탠리 하우어워스가 저서 『한나의 아이』에서 여성 목사가 성찬을 집전하는 모습을 표현한 부분을 자주 떠올리곤 한다. 하우어워스의 자서전으로 알려진 이 책은 그가 일생 동안 만나고 영향을 주고받았던 다양한 사람들의 이야기가 담겨 있다.

내가 신학대학원 채플 시간에 설교를 했을 때, 성찬 집

전은 폴라가 맡았다. 그녀는 비범했다. 폴라가 성찬을 집전할 때는 하나님이 이제 곧 나타나실 것을 아는 사람 앞에 서 있음을 알게 된다. 나는 폴라에게는 하나님이 그냥 '다가온다'고 느꼈다. 하나님이 그녀와 그런 식으로 함께하신다는 사실이 두려우면서도 흥미로웠다. 지금도 그렇다.*

하우어워스가 폴라가 여성임을 부각하여 그의 젠더가 성찬에 주는 의미를 말하고자 한 것은 아니다. 그러나 현실에서 좀처럼 보기 힘든 여성의 성찬식 집전과 그 묘사가 내 마음을 파고들었다. 하우어워스가 폴라를 들어 '비범하다'고 말한 것은 그가 그 자리를 예수의 십자가 수난과 죽음을 기억하고 기념하기에 충분한 공간으로 만들어냈기 때문일 것이다.

여성이 말씀을 전하고 성찬을 집전하는 믿는페미의 예배는 그간 찾아보기 힘들었던 여성이 주체가 되는 예배였다. 그 설교문 역시 아픔을 가진 많은 이들을 배려하는 것과 함께, 우리가 놓치지 말아야 할 궁극적인 지향을 담

---

*　　스탠리 하우어워스, 홍종락 옮김, 『한나의 아이』, IVP, 2017, 364쪽.

고 있었다. 그것은 교회 내 성폭력과 혐오의 굴레를 그저 감내하라고 종용받아왔던 여성 존재들의 목소리를 복원하는 것이었다.

믿는페미는 강남역 여성혐오 살인 사건 1, 2주기 예배를 준비하면서 과거 '여성주의 예배'를 열어갔던 선배들에게 도움을 요청했다. 이들은 선배들과의 회의를 통해 기도문 작성을 비롯한 예배 구성을 논의하고, 역할을 분담하여 차근차근 여성들의 예배를 준비해나갔다. 이 또한 이전 세대와의 교류를 통해, '구식'이라 치부되었던 여성주의 예배를 현재에 맞는 형태로 변화시키는 새로운 연대를 구축해간 것이라 평할 수 있다.

2주기 연합예배 이후 믿는페미는 1박 2일 자체 수련회를 열었다. 일명 '짖는 수련회'라 이름한 이 수련회의 하이라이트는 단연 '짖는 TALK' 시간이었다. 다섯 시간 넘게 대화가 이어지며, 어디서 어떻게 마무리해야 할지 알수 없을 정도로 열띤 분위기가 형성되었다. 그도 그럴 것이 여성의 몸과 혐오 담론, 교회 내 성 역할과 페미니스트 투쟁기 등이 나만 겪은 일이 아니라 우리 모두의 일이었음을 알게 되었을 뿐 아니라, 그것을 한 공간에 모여 이야기하는 것은 전에 없던 경험이었기 때문이다. 이 시간은 단순히 어려움을 성토하는 데 그치지 않고 현실에서 어떻게 저항하며 대안을 만들어갈 수 있을지 고민하는 데까지 이어졌다.

H는 짖는 수련회의 의미를 "교회 여성들이 각자가 교회에서 겪은 부당한 현실과 투쟁 등에 관해 허심탄회하게 이야기하며 함께 분노하고, 함께 웃고, 함께 결단하는 시간"으로 정의했다. 수련회 참여자 중 한 사람은 다음과 같은 후기를 남기기도 했다.

나는 교회를 떠난 지 꽤 됐다. 성차별적인 교회에서 견딜 수가 없어서 도망쳐 나온 것이다. 그런데 믿는페미의 짖는 수련회를 통해 서로 삶을 나누고, 여성주의 예배를 드리다 보니 눈물이 났다. 다시 교회에 가고 싶어진 것이다. 생각해보니 내가 하나님을 떠난 것도 아니고, 하나님이 나를 떠난 것도 아니다. 나는 교회에 하나님을 빼앗긴 것이다. 그들은 하나님은 남성이라 말하면서 하나님에 대한 상상력을 제한했고, 결국 내게서 하나님을 빼앗아갔다. 이제 난 내 하나님을 되찾고 싶다. 하나님을 다시 나의 주님으로 고백하고 싶다.

짖는 수련회는 참가자들에게 '자신의 상처를 온전히 드러낼 수 있었던 따뜻하고 특별한 경험'이었다. 이들은 교회의 남성 중심적 문화에 작지만 큰 균열을 내고 있었다.

G의 말 수련회 뒤풀이 때는 새벽 다섯 시까지 계속 이야기했는데, 교회 내 성폭력에 대한 이야기가 주를 이뤘어요.

수련회 기간 중 큰 화두가 되었던 것은 교회 내 성폭력 문제였다. 언론에 크게 보도된 목회자에 의한 성폭력 사건은 많은 이들에게 충격을 안겨주었다. 그런데 이러한 경험이 비단 몇몇만의 문제가 아니었던 것이다.

나는 2018년 10월 기독교와 페미니즘을 주제로 한 학술대회에 참석했다. 이날의 첫 세션은 '교회 내 미투 운동의 실태와 과제'에 대한 것이었는데, 교회 내 성폭력 사건의 양상과 사례가 차례로 소개되었다. 성희롱과 성추행이 만연한 것은 기본이고, 목회자에 의한 미성년자 성폭력과 친족 성폭력, 그루밍 성범죄 및 신앙의 행위를 빙자한 성폭력 등 다양한 사례가 있는 것으로 보고되었다. 더 큰 문제는 피해 여성들에게 오히려 용서와 회개를 강요하며 사건을 은폐하거나, 성폭력을 불륜으로 프레임화하는 행태가 빈번하다는 것이다. 피해자들은 가해자를 옹호하고 피해자를 비난하는 비정상적인 교회 문화 속에서 2차, 3차 피해를 경험하며 고통받고 있었다.

> **H의 말** 다들 교회 내 성폭력 문제를 반드시 해결해야 한다는 공통적인 의지를 가지고 있었어요. 여기에 그것이 하나님의 정의를 이루어가는 일이라고 하니까 더 의지가 강해지더라구요. 저는 짓는예배가 연대를 가능하게 하는 하나의 고리가 되고 있다고 생각해요. 왜냐하면 지금 교단 상관없이 여러 신학대학교에서 많이 참여하고 있거든요. 사실 이 예배를 드린다고 해서 교회 내 성폭력이 근절되는 것은 아니겠지만, 서로 연대하는 네트워크는 만들 수 있어요.

강남역 여성혐오 살인 사건 3주기 연합예배가 열릴 즈음 믿는페미는 새로운 차원의 연대와 시너지를 경험하게 되었다고 했다. 교회의 문제를 공동체적으로 해결해나가자는 의지가 더해지면서 연대는 깊어졌다. 주최 단위들은 예배를 준비하는 모든 과정 속에서 함께 모여 머리를 맞대었다. 특히 기도문과 설교문에 대해서는 거듭 읽고 토론을 반복했다.

F의 말 우리가 얼마든지 더 나은 예배를 만들 수 있을 것 같다는 생각이 들었고, 그러려면 수고스럽더라도 계속 민감하게 노력해야 한다는 생각이 좀 들었어요. 그러니까 나에게는 아무렇지 않지만, 다른 사람에게는 그렇지 않을 수 있잖아요. 그러니 계속 점검하고, 누군가에게 상처가 된다고 하면 주저 없이 바꿀 수 있는 용기가 있어야 하죠. 그런데 만약 예배가 목회자 한 명이 만드는 것이라면, 예배를 지적하는 일은 그에게 굉장한 상처가 될 거예요. 그런데 우리 예배가 참여하는 사람까지 모든 이가 같이 만드는 예배, '공동 작업'이라고 받아들이게 된다면 괜찮지 않을까요? 사실 여성주의 예배가 보다 궁극적으로 추구하는 바는 목회자 중심 예배를 벗어나는 거잖아요.

I의 말 물론 참여자들이 봤을 때 짓는예배 설교는 목사가 준비하고 진행하는 것처럼 보이겠지만, 사실은 예배 구성원들이 다 같이 읽고 논의하고 수정하면서 합의한 내용이에요. 목사에게 합의된 권위를 부여해준 거죠.

목회자가 자신의 설교 원고를 공유할 뿐만 아니라 이를 놓고 많은 사람들과 토론한다니. 이것이 그간 우리의 교회 문화에서 상상이나 할 수 있는 일이었던가? 앞서 잘못된 대리자가 설교권을 행사하는 것이 교회 내 혐오와 차별을 유지하는 근간이라고 지적한 바 있다. 목사가 부당한 권한을 내려놓고, 설교권으로 자신의 권력과 입지를 강화하려 하지 않는 것만으로 뒤틀린 교회 현실을 바로잡을 수 있을 것이라고도 했다. 나는 이들의 예배에서 목회자도 스스로 힘의 주체가 되지 않기를 택하고 자신이 가진 권위를 모두와 나눌 수 있다는 가능성을 보았다. 모두가 평등한 위치에서 설교 원고를 공유하고 토론하며 크고 작은 오류를 바로잡고 더 나은 성경 해석의 방향성을 고민하는 예배가 실제로 가능하다는 사실에 가슴이 뛴다.

믿는페미의 구성원들은 예배 준비 과정에서 "예민을 부렸다"며 민망해하기도 했는데, 사실 그것은 예배에 참여하는 사람들을 배려하는 마음 때문이었다. 차별과 혐오에서 자유로운 예배를 드리고자 찾아온 예배자들이 행여나 주최 측의 무심함 때문에 상처를 입게 되진 않을까 조심스러워했던 것이다.

물론 짓는예배를 열어가면서 이들에게도 많은 고민이 있었다. 활동가들의 지향과 참여자들의 필요 사이에 간극이 드러날 때가 특히 그랬다. 가령 활동가들은 수평적인 예배를 지향했지만, 예배에 참여하는 사람들은 목사 등 권위 있는 사람의 위로를 원했다. 특히 혐오와 아픔에 대해서는, 권위 있는 사람의 말 한마디가 개개인에게 더 큰 영향력을 발휘했다. 믿는페미는 여러 차례의 경험을 통해 목사를 포함하여 교회 내 여러 '상징'이 갖는 좋은 기능을 선용하면서도, 변화에 대한 궁극적인 지향은 놓치지 않으려 뜻 있는 몸부림을 계속 이어가고 있다.

"우리는 절망과 두려움 속에서도 스스로의 존재를 잃지 않고 이렇게 살아남아, 마침내 서로의 용기가 되었습니다. 두려움 가운데 우리에게 용기를 허락하시며, 또한 서로에게 용기가 되게 하시니 참 감사합니다. 우리가 마주한 어두움을 외면하지 않으며 살겠습니다. 주님, 우리의 동행이 되어주십시오. 아멘."[*]

[*]　믿는페미의 2018년 짖는 수련회 자료집 『다짐, 우리의 한걸음』 참조.

믿는 페미니스트는
가능하다

많은 이들이 구약성경의 라합 이야기를 알고 있을 것이다. 당시 라합은 여리고를 염탐하러 온 두 명의 이스라엘 정탐꾼을 숨겨주고, 이들을 찾으러 온 여리고 왕의 군사들을 돌려보내는 기지를 발휘한다. 정탐꾼들을 보호하는 라합의 모습은 마치 첩보 활동을 방불케 한다. 당대는 정찰과 첩보 활동, 속임수가 전쟁의 수단으로 여겨졌던 시대이다 (수2:1, 삿 7:9~16). 따라서 많은 설교자들은 라합의 행동은 '사실상 이스라엘을 선택하기 위해 고국을 포기한, 목숨을 건 행위'라며 고전적인 '믿음'과 '인내'의 관점에서 해석하려 한다.

그러나 나에게는 그의 행보가 좀 색다른 의미로 다가

왔다. 그가 걸어간 길은 '해방'을 향한 하나의 도약은 아니었을까. 당시 인간으로서의 존엄성도 제대로 인정받지 못했던 여성 젠더의 위치에 있었던 라합이 모든 상황을 스스로 판단하고 미래의 불확실성까지 온전히 감수하는 행보를 보이고 있다. 그는 하나님께 새 소망을 두고 이스라엘의 정탐꾼들을 위해 지략을 발휘한다. 가족의 안전을 확보하기 위해 생명과 삶의 기반을 걸고 정탐꾼들과 협상을 벌이기도 한다. 그는 인간이 정해놓은 당대의 구조와 문화적 분위기에 갇히지 않고 행동한 결과, 새로운 삶을 맞이할 수 있었다.

성서에 기술된 라합의 행보는 현시대를 사는 우리에게 하나님의 일하심이 인간의 생각보다 더 깊고 넓다는 것을 말해준다. 하나님은 당대 천시받던 여자의 손을 통해 이스라엘의 희망이 될 정탐꾼들이 생명을 보전하게 하셨다. 이것이야말로 인간이 정해놓은 구조와 윤리, 공고한 젠더 질서까지도 초월하여 일하시는 하나님을 보여주는 사례가 아니겠는가. 오늘날에도 이 땅에는 라합과 같은 여성들이 곳곳에서 일어나고 있다. 사회의 기준에 순응하지 않고 새길을 여는 여성들, 알 수 없는 세계를 향해 용기 있게 도약하는 이들. 믿는페미 또한 그중 하나다. 이들의 존재는 많은 이들에게 위로와 힘이 되기도 하지만, 누군가에게는 '체계를 흔드는 대상' '규범을 흔드는 이방인'으로 인식되기도 한다. 미움과 적대적인 시선들을 대할 때는 항상 위협이 따르고 상처를 받기도 한다. 내가 만난 믿는페미 활동가들도 결코 그러한 위험과 안전에 대한 염려에서 자유로울 수 없는 현실 속에 있었다.

H의 말 페미니즘 관련 책들을 보면 남성 저자들은 보통 실명을 쓰거든요. 근데 여성 저자들은 가명을 쓰는 경우가 꽤 많아요. 페이스북을 봐도 남자들은 당당하게 자기 실명 걸고 본계정으로 하고 싶은 이야기를 하지만, 여자들은 부계정인 데다가 가명을 사용할 때가 많죠. 저도 가명을 쓰고, 주변 친구들도 가명을 사용하는 사람들이 많아요. 항상 신변에 대한 위협을 느끼기 때문이에요. 믿음과 페미니즘이라는 두 가지 노선을 모두 선택하는 순간 안전에 대해 고민하게 되죠. 저희끼리는 그런 조언도 나눠요. '가명을 써라' '세 명 이상 내 편을 만들어라. 상처받으면 그들에게 위로받아라' 등등……. 요새 콘텐츠를 확산하기 좋은 플랫폼으로 유튜브가 떠오르고 있지만 좀처럼 시도하기가 쉽지 않더라구요. 얼굴이 드러나게 되잖아요. 저는 가명을 사용하고 최대한 자신이 노출되

는 것을 피하는 게 성차별적인 사회 속에서 여성들이 터득한 나름의 방어 전략이 아닌가 하는 생각이 들어요.

우리 사회 여성들의 현실을 다룬 베스트셀러 소설 『82년생 김지영』을 읽고 SNS에 소감을 올린 여성 연예인들이 남성들에 의해 무차별적인 사이버 불링을 당한 것은 너무나 잘 알려진 이야기이다. 몇몇은 이를 견디다 못해 결국 게시글을 삭제했으며, 심지어 사과를 하기도 했다. 이 소설을 원작으로 한 영화의 주인공을 맡은 여성 배우 역시 수많은 남성들에게 뭇매를 맞았다. 그러나 이 책은 모 남성 국회의원이 대통령에게 선물하여 화제가 되기도 했고, 인기 있는 남성 연예인들에 의해 언급되기도 했다. 하지만 비난은 유독 여성들만을 향했다. 교회 여성들이 신변을 걱정하며 가명을 사용하는 것이 결코 '오버'가 아닌 것이다. 안전이 보장되지 않는 상황이기에, 이들은 오늘도 서로를 더욱 굳게 지지하고 가까이하며 '스스로 더 잘 존재하는 법'을 고민하고 있다.

교회 역시 결코 이들에게 안전한 공간이 아니다. 이

들이 열어가는 길은 기존의 보수적 교회 질서와는 상반된 부분이 많기에, 여성 차별 정서가 가득한 기성 교회 안에서 과연 '믿는 페미니스트'가 존재할 수 있는 것인지, 신앙과 페미니즘이 공존 가능한 것인지를 끊임없이 의심받는다. 믿는페미의 콘텐츠를 소비하는 사람들, 특히 입문자들 중에도 끊임없이 부정적인 시각으로 바라보며, 불가능하다는 전제하에 질문을 던지는 '답정너'들이 꽤 있다.

믿는페미는 복음서에 담긴 예수님의 말씀과 그 속에 담긴 기독교의 정신이 이 질문에 대한 힌트가 될 것이라고 보았다. 예수님과 바리새인들의 안식일 논쟁을 살펴보자. 당시 주님은 안식일에 병을 고치는 것이 옳으냐고 따져 묻는 바리새인들을 향해 안식일의 형식을 지키는 것보다 사람을 살리는 것이 먼저이며, 그것이 안식일의 진정한 정신임을 깨우치셨다(마 12:1~14).

H의 말 저는 이 당시 바리새인들의 질문이 오늘날에도 반복되고 있다는 생각이 들었어요. "안식일이 먼저냐, 사람이 먼저냐"라는 질문이 이천 년이 지난 지금엔 "신앙이 먼저냐, 페미니즘이 먼저냐"로 형식만 바뀌어서 이어지고 있는 거예요. "사람이 안식일을

위해 있지 않고 안식일이 사람을 위해 있는 것"이라는 예수님의 말씀이 '믿는페미'가 가능하냐고 묻는 사람들에게 답을 줄 수 있으리라고 생각해요. 제가 생각하는 페미니즘은 사람을 살리는 거예요. 우리가 지금 무엇을, 어떻게 믿고 있는가, 라는 물음을 가지고 있는 사람들의 공허함을 채워줄 수 있는 것 중 하나가 페미니즘이라고 생각하거든요. 페미니즘은 이 세상을 통찰하는 하나의 시각인데, 이것을 무조건 거부하면서 "야, 신앙이 먼저야. 믿음을 위해서 페미니즘은 버려"라고 하는 건 안식일을 지키기 위해서는 죽어가는 생명을 외면해도 된다고 생각하는 바리새인의 모습과 똑같은 것 같아요.

저도 예전에는 억지로 받아들이려고 했었는데, 이제는 그렇게 되지가 않아요. 예수님이 안식일의 정신을 일깨워주시려고 일부러 안식일을 어기셨던 것처럼, 일부러 페미니즘을 더 드러내는 것이 진정 예수님의 정신을 따르는 제자의 모습이 아닐까요? 페미니즘의 의미는 너무 방대해서 '믿는페미'라는 말 안에 그것을 다 담아낼 수는 없겠지만요. 믿는 페미니스트는 가능하다, 가능할 뿐만 아니라 정말 필요하다, 정말 잘 믿고 싶으면 너희들의 관점을 고쳐야한다, 그러지 않으면 그 신앙은 반쪽짜리다, 라고 말할 수는 있으리라고 생각해요. 그것만으로도 세상을 바꿀 만한 힘이 있는 거죠.

기성 교회, 우리가 '믿음 생활'을 하고 있다는 교회의 내부를 자세히 들여다보면, 곳곳에 깊은 상처를 입고 피 흘리는 여성 존재들이 수없이 많다. 형식과 규정만을 중시하는 믿음을 따라가다 보면 결국 그들의 고통을 외면하게 된다. 그러나 우리는 안식일의 규범을 깨는 것을 감수하고 몸소 사람에 대한 사랑을 보이신 예수의 행동 안에 진정한 안식일의 정신이 살아 숨 쉬고 있다는 것을 믿는다. H는 페미니즘 안에서 예수께서 사람에 대해 보이셨던 그 사랑을 발견했고, 믿는다면서 페미니즘을 거부하는 것은 사실상 믿음의 진정한 의미와 예수님의 정신을 잊어버린 것이라 역설했다. 그렇기 때문에 이들에게 페미니즘과 신앙의 공존은 너무나 자연스럽고 당연한 일이었다.

기존의 남성 중심적인 교리와 메시지 안에서 여성이 자신의 존재를 그리스도의 형상으로 지음받은 존재로 긍정하는 것은 불가능하다고 봐도 과언이 아니다. 여성들이 스스로를 혐오하지 않고 신앙인으로 남기 위해서 자신의 신앙 안에 페미니즘을 받아들이는 것은 어쩌면 너무나 당연하고 불가피한 현상이 아닐까.

내가 처음 여성학 공부를 시작한 2011년만 해도 페미니즘이라는 단어는 생소했고 결코 일상에서 회자되지도 않았다. 그렇지만 사회적으로 두드러진 여성혐오 사건과 미투 운동의 치열한 시기들을 거치면서 담론이 형성되고 페미니즘이 많은 사람들의 인식과 삶에 긍정적인 변화를 일으켰다. 교회 또한 예외가 아니었다. 특히 젊은 여성들은 '우리는 어떤 방식으로 신앙하고 있었는가'를 젠더문제 속에서 사고하기에 이르렀다.

그리고 우리는 드디어 마주하게 되었다. 스스로 어떻게 존재할 것인가를 고민하며 그 대안을 찾아가는 수많은 믿는 페미니스트들을 말이다. 그러나 아직까지 이들은 거대 교회 구조 속에서는 지극히 소수이며, 그 활동이 이렇다 할 즉각적인 변화를 일으키고 있는 것도 아니다. 그럼에도 나는 이들에게서 새 희망을 찾게 된다. 이들은 하나님 안에서 자유롭고 당당하며, 무엇보다 새롭게 얻은 앎으로 교회의 잘못된 역사를 분석하고 일상을 바꾸어가는 힘을 가지고 있다. 이들은 다채로운 매체를 활용한다. 이로써 변화를 위한 이야기 확산이 보다 쉬워졌고, 여성들의 공통된 경험을 다루는 새로운 장이 열리고 있다. 이제 여성들은 서로 연대하고 지지할 수 있게 되었다. 실로 우리는 서로의 용기이다.

많은 여성들이 상처받았으며, 오늘도 상처받고 있는 현실을 생각할 때 변화의 목소리는 계속 이어져야 한다. 그러지 않으면 대안의 물결은 언제고 기성 교회 문화라는 힘 있고 강한 파도에 밀려 잠식될 수 있다. "왜 굳이 교회 공동체 안에서 '혐오'라는 험악한 단어를 꺼내 드는가?"라고 묻는 이들이 있을지도 모른다. 그러나 이것은 단순한 개념이 아니다. 오랜 시간 교회 내에서 억압당해왔던 여성의 끝없는 역사가 응축된 말이다. 그렇기 때문에 교회 내 여성혐오를 지적하고 대안을 촉구하는 여성들의 목소리는 선으로 악을 이기는(롬 12:21), 강하고 지혜로운 언어이다.

닫는 글

책을 쓰며 이 책이 세상에 줄 수 있는 의미가 무엇일지 곰곰이 생각해보았다. 교회 내 성차별과 불평등을 문제시하고 비판하는 여성신학 서적들은 이미 여럿 있지 않은가. 하지만 그럼에도 불구하고 이 책에 특별한 점이 있다면, 혐오와 차별을 피부로 경험하고 있는 교회 여성들의 증언이 생생히 담겨 있다는 것이다. 이들은 교회 내 여성혐오를 성토하는 것을 넘어, 혐오를 만드는 교회만의 조건과 메커니즘을 파악하고 변화를 만들어가야 한다고 힘 있게 주장한다. 많은 독자들이 이 책을 통해 우리 사회 내 크리스천 페미니즘 운동을 펼쳐가고 있는 강인한 여성들을 만나게 될 것을 생각하니 가슴이 뛴다.

이들로 자신들이 교회 내에서 겪는 불합리를 '혐오'라 규정할 수 있게 한 것은 무엇인가? 먼저 우리 사회에 불어닥친 변화의 흐름 속에서 새로이 습득하게 된 페미니즘 지식을 꼽을 수 있겠다. 그리고 무엇보다 우리에게 주신 믿음. 그 믿음이 이 모든 것을 가능하게 했을 것이다. 일찍이 라인홀드 니버(Reinhold Niebuhr, 1892~1971)는 이렇게 기도했다.

하나님 내가 바꿀 수 없는 것은 받아들일 수 있는 평정심을 주시고 내가 바꿀 수 있는 것은 바꿀 수 있는 용기를 허락하여 주시고 그 둘 사이의 차이를 분별할 지혜를 주십시오.

약하고 차별받는 자들의 곁에 머무시며 몸소 사랑을 실천하셨던 예수님. 우리는 페미니즘을 실천하며 교회 현실 속에 만연한 여성혐오를 철폐해가는 것이야말로 우리를 향한 하나님의 참뜻임을 믿는다. 교회 여성들은 그래서 용기를 낼 수 있었다.

나 또한 나에게 주신 용기 안에서 이 책을 썼다. 그 용기는 하나님이 나에게 선물처럼 허락하신 많은 사람들로

부터 왔다. 책을 쓰는 동안 실로 많은 분들이 용기와 힘이 되어주셨다. 먼저 가족들이 그러하다. 살면서 그 어떤 권위도 내세우지 않으시고 늘 가장 낮은 곳에서 섬기셨던 아빠, 지식과 지혜를 선물해주신 엄마, 평생의 친구이자 내가 의지하는 언니, 그리고 늘 사랑을 나눠주신 시부모님께도 감사의 마음을 전한다. 무엇보다 함께 동고동락하는 벗 김연태에게 고맙고 사랑한다는 마음을 전하고 싶다. 선물과 같은 조카 이현과 도윤, 내가 가장 의지하고 사랑했던 할머니께도 감사를 전한다.

이 책은 내가 작년에 썼던 논문을 바탕으로 하고 있다. 당시 인터뷰에 응해주었던 교회 여성들이 아니었다면 이 책은 세상에 나오지 못했을 것이다. 그분들의 용기와 배려에 감사한다. 특히 '믿는페미'는 책을 쓰는 가운데 다시금 인터뷰에 응해주셨는데, 감사한 마음이 크다.

논문을 지도해주신 허라금 선생님께서 많은 사람들이 볼 수 있도록 출판해보라고 권유해주신 덕분에 용기를 낼 수 있었다. 진심으로 감사드린다. 여성학에 입문할 수 있도록 안내자가 되어주신 권인숙 선생님, 지식과 삶이 함께 가는 것이 무엇인지 몸소 보여주신 스승 조순경 선생님께도 진심 어린 감사를 전하고 싶다.

마지막으로 교회 내 여성혐오에 대한 문제의식에 공감하며 책을 내도록 허락해주신 도서출판 들녘과 끝까지 애정과 인내로 함께해주신 이수연 편집자님께도 고마운 마음을 전한다.

이 시대 수많은 교회 여성들에게는 다른 교회 여성이 겪는 혐오 경험이 결코 '너의 이야기'가 아니다. '나의 이야기'로 공감할 수 있는 지점이 분명히 존재한다. "언니네 교회도 그래요?"라고 묻는 목소리를 우리 사회 곳곳에서 더 많이 듣게 되기를 소망한다. 교회 내에서 느끼는 '불편함'들을 혐오라 규정하고, 서로 연대하며 이를 철폐하기 위해 노력하는 움직임이 더 많아졌으면 좋겠다.

함께 자각하며 교회에 변화를 만들어가자는 바람을 담아 세상에 내놓게 된 이 책이 누군가에게는 진정한 위로가, 누군가에게는 작은 변화의 불씨를 지피는 계기가 되기를 간절히 바란다.